Umeswaran Arunagirinathan
Der fremde Deutsche
Leben zwischen den Kulturen

AF217223

Umeswaran Arunagirinathan

Der fremde Deutsche

Leben zwischen den Kulturen

KONKRET LITERATUR VERLAG

© 2017 Konkret Literatur Verlag, Hamburg
Umschlaggestaltung: Patrick Mariathasan, Hamburg
Umschlagfoto: Maximilian Probst, Hamburg
Satz: Niki Bong, Hamburg
Druck: Beltz Grafische Betriebe, Bad Langensalza
ISBN 978-3-89458-298-2
www.konkret-literatur-verlag.de

Meinem Patenkind Oskar gewidmet

*Niemand wird mit dem Hass auf
andere Menschen wegen ihrer
Hautfarbe, ethnischen Herkunft oder
Religion geboren. Hass wird gelernt. Und
wenn man Hass lernen kann, kann man
auch lernen zu lieben. Denn Liebe
ist ein viel natürlicheres Empfinden im
Herzen eines Menschen als ihr Gegenteil.*

Nelson Mandela

Ein schwieriges Familientreffen

Nur noch zwanzig Minuten bis zur Landung der Maschine der Ryanair auf dem Flughafen London Stansted. Noch sah ich nur die Wolken unter mir, der Landeanflug hatte noch nicht begonnen. Ich war auf dem Weg zu meiner zweitjüngsten Schwester Nala in London. Dort sollte ich nach 16 Jahren zum ersten Mal meinen Vater wiedersehen. Im Jahr zuvor, 2005, hatte ich bereits meine Mutter bei Nala in die Arme schließen können. Jetzt waren meine Eltern gemeinsam nach London gekommen.

Obwohl ich schon 29 Jahre alt war und ein erwachsener Mann, sah ich meine Eltern immer noch so vor mir, wie ich sie als Kind auf Sri Lanka erlebt habe.

Ein Bild hat sich mir besonders eingeprägt: Gemeinsam mit meinen Eltern, meiner älteren Schwester Ruji, den jüngeren Schwestern Vani und Nala und meinem kleinen Bruder Jana besuche ich ein Tempelfest. Einmal im Jahr findet in jedem Tempel ein Tempelfest statt, das etwa zehn Tage dauert. Während der Festtage fasten die Erwachsenen. Bei uns zu Hause gab es dann, wie in den meisten Familien, weder Fisch noch Fleisch. Allerdings gingen manche Männer heimlich in Lokale, wo Rinderfleisch und sogar Palmwein serviert wurde.

Für den Besuch im Tempel kleiden wir uns sehr traditionell, die Frauen tragen einen Sari und die Männer einen weißen Veddi, eine Art Wickelrock aus Seide oder Baumwolle, meistens kein Hemd, sondern nur einen Schal um den Schultern.

Für meine Mutter war es immer wichtig, was die Nachbarn über uns dachten. Deshalb musste ich auch einen Veddi tragen und auf der Stirn Wipfuthie (Asche von verbranntem Rinderkot), als Zeichen der Zugehörigkeit zum hinduistischen Glauben. Wipfuthie wird im Tempel nach dem Gebet vom Priester an die Gläubigen verteilt. Es heißt, dass der hinduistische Gott Shiva seinen Körper mit der Asche der verstorbenen Menschen einreibt. Deshalb ist es auch so wichtig, dass unser Körper nach dem Tod verbrannt wird.

Zuletzt habe ich meinen Vater im Sommer 1990 gesehen, bevor ich mit meiner Mutter meinen Heimatort Puthur im Norden Sri Lankas verlassen habe. In Colombo hoffte meine Mutter, eine Schlepperorganisation zu finden, die mich nach Deutschland bringen würde. Mein Vater war ein fröhlicher, großer Mann mit einem dicken Bauch, der seine Kinder liebte, und alles dafür gegeben hätte, dass wir während des Bürgerkriegs nicht verhungerten. Und er war ein sparsamer Fuchs. Da zum Beispiel Zucker während des Krieges sehr teuer war, sollten wir Kinder anstelle von Zucker ein Bonbon zum Tee lutschen, weil das billiger war.

Mein Vater musste als Familienoberhaupt das Geld, das wir als Familie verdienten, so einteilen, dass wir überleben konnten. Ich lernte sehr schnell, sparsam zu leben, auf unnötige Dinge zu verzichten und jede Rupie zu schätzen. Der Krieg zwang uns, Geld nur für das Lebensnotwendige auszugeben. Das hat mich für mein Leben geprägt.

Die Landung des Flugzeugs holte mich zurück in die Gegenwart. Ich spürte die Aufregung, meinen Eltern nach so langer Zeit wieder zu begegnen. Es war der größte Wunsch meines Vaters, mich noch einmal zu sehen. Obwohl er seit Jahren unter Bluthochdruck, Diabetes und einer offenen Wunde am Bein litt, hat er die Strapazen des langen Flugs auf sich genommen.

Meine Schwester Nala, die seit Jahren in London lebt, hatte ein Besuchervisum für meine Eltern beschafft. Meine Aufgabe war es, den Flug zu bezahlen. Das war für mich als Student nicht einfach. Ich hatte das Glück, dass ich am Ende des Studiums noch Stipendiat der Heinrich-Böll-Stiftung wurde und dadurch das Geld für die Flugkosten aufbringen konnte.

Ungeduldig stand ich von meinem Sitz auf, noch bevor das Anschnallzeichen erloschen war. Eilig ging ich auf die Visumkontrolle zu, die mir inzwischen schon vertraut war. Trotzdem raste mein Herz bei der bangen Frage, ob doch noch etwas bei der Kontrolle schief gehen konnte oder ob ich die Fragen der Beamten richtig beantworte. Dafür gab es am Ende keinen Grund, ohne Probleme durfte ich nach Standardfragen, die ich ohne Zögern beantwortete, einreisen.

Anschließend ging ich zur Gepäckausgabe, um meinen Koffer abzuholen. Fünfzehn Euro kostete bei meinem Billigflieger Ryanair die Aufgabe eines Koffers. Normalerweise reichte mir ein Handgepäck, das kein Geld extra kostet. Aber dieses Mal hatte ich Geschenke für die Familie dabei. Ein Hemd und ein dicken Pulli der Größe XXL für meinen Vater und eine Handtasche und ebenfalls einen dicken Wollpullover für Mutter, damit sie in der ungewohnten Kälte in London nicht frieren mussten. Aber auch Geschenke für die Kinder meine Schwester. Ich hatte T-Shirts mit lauter bunter Figuren aus Kinderfilmen bei C&A in Hamburg gekauft. Bei C&A in Colombo hatte ich meine erste Winterjacke vor der Flucht nach Deutschland bekommen.

In der einen Hand das Handgepäck und in der anderen meinen Reisekoffer ging ich zum Ausgang. Dort warteten mein Vater und meine Schwester Nala auf mich, während meine Mutter zu Hause auf Nalas Kinder aufpasste.

Während des Fluges hatte ich überlegt, wie ich meinen Vater begrüßen sollte, was er wohl von mir erwartete. Nun stand ich vor ihm und wusste nicht, was ich tun sollte. Es gab keine Umarmung, Er schaute mich nur lächelnd von Kopf bis Fuß an und sagte auf Tamil: »Waa, Waanko«, »Komm, kommen Sie.«

Er erschien mir plötzlich gebrechlich und nicht wie der starke Vater, den ich in Erinnerung hatte. Er war sehr gealtert. Ich

Mit meinen Eltern und meiner Schwester Ruji, 1979

sah in das Gesicht eines Kranken, wie ich es von vielen Patienten aus der Klinik kannte.

Mein Vater war mir fremd geworden, ich hätte ihn fast nicht wiedererkannt. Ich war verwirrt und traurig. Er trug eine alte Jacke meines Schwagers und eine goldene Halskette, die meine Schwester ihm geschenkt hatte. Am rechten Ringfinger einen goldenen Ring mit neun verschiedenen Steinen. Sie sollten ihm nach hinduistischem Glauben Glück im Leben bringen.

Wir gingen zum Parkplatz, wo mein Schwager im Auto auf uns wartete. Mein Vater durfte vorne einsteigen, Nala musste ihm dabei helfen. Alleine schaffte er es nicht mehr. Ich stand hilflos daneben und sah nur zu. Ich war mir nicht sicher, ob es meinem Vater recht gewesen wäre, wenn ich ihm geholfen hätte. In meiner Kindheit war er derjenige, der alles allein gemacht und nie unsere Hilfe benötigt hatte.

Nachdem ich das Gepäck im Kofferraum verstaut hatte, setzte ich mich neben meine Schwester auf den Rücksitz. Während wir Richtung London fuhren, herrschte eine seltsam gedrückte Stimmung. Meine Schwester versuchte, das beklemmende Schweigen zu durchbrechen. Sie stellte Vater Fragen und hoffte, dadurch ein Gespräch zwischen ihm und mir in Gang zu bringen.

Ungewöhnlich war es für mich, von meinem Vater mit Sie angeredet zu werden. Bei uns ist es üblich, dass die Kinder ihre Eltern und älteren Geschwister siezen. Dass ein Vater, das Familienoberhaupt, seinen Sohn siezt, hatte ich noch nie erlebt. Meine Geschwister sagten, es sei ein Zeichen des Respekts mir gegenüber, als Anerkennung für all das, was ich bisher im Leben erreicht hätte. Eine größere Ehre konnte es für mich überhaupt nicht geben. Vielleicht war dieser Respekt auch der Grund dafür, dass mein Vater mich bei unserem Wiedersehen nicht umarmt und keine Rührung gezeigt hatte. Sein Verhalten entsprach wohl tamilischer Tradition, aber ich bedauerte es sehr.

Meine Eltern mit meinen Geschwistern
und einem Nachbarskind (auf Vanis Armen), 1988

Nach etwa vierzig Minuten Fahrt kamen wir vor Nalas Haus an. Meine Mutter öffnete die Tür. Die Kinder meiner Schwester standen neben ihr und klammerten sich an ihren Sari. Die Wiedersehensfreude war groß, sie nahm mich in die Arme und streichelte immer wieder mein Gesicht.

Vor Aufregung über das bevorstehende Wiedersehen mit den Eltern hatte ich den ganzen Tag noch nichts gegessen. Als hätte sie es geahnt, hatte meine Mutter bereits am frühen Morgen angefangen, tamilische Gerichte für mich zu kochen. Es war wunderbar, nach langer Zeit das von meiner Mutter zubereitete Essen zu genießen. Nach dem köstlichen, aber ungewohnt scharfen Essen brannte meine Zunge. Mutter konnte kaum glauben, dass das Essen in meiner neuen Heimat nicht so scharf ist wie die Gerichte aus Jaffna. Zum Glück hatte sie mir Payasam zubereitet, eine süße Nachspeise, die meine Zunge beruhigte. Nach dem Essen gab es Tee. Tee mit Milch und ganz viel Zucker. Das schmeckte herrlich und nahm noch die restliche Schärfe des Essens.

Wir saßen im fensterlosen Wohnzimmer meiner Schwester bei künstlichem Licht. Die meisten Häuser im Stadtteil meiner Schwester sind sehr klein und die wenigsten haben einen Garten, in dem Kinder spielen können. Es ist traurig, dass die Kinder meiner Schwester nicht im Freien aufwachsen können, so wie ich damals auf Sri Lanka. Ein Leben wie vor dem Bürgerkrieg, als man noch unter Kokospalmen und Mangobäumen Verstecken spielen konnte, das hätte ich meinen Neffen gewünscht.

Mein Vater verbrachte auf Sri Lanka im Alter die meiste Zeit draußen vor dem Haus im Schatten großer Bäume. Dort unterhielt er sich mit den Nachbarn über Gott und die Welt und natürlich über den Krieg und die Hoffnung auf eine bessere Zukunft. Nur zu den Mahlzeiten kam er ins Haus. Nun war er in einem Land zu Besuch, wo das Leben in engen Wohnungen stattfindet. Er und meine Mutter konnten nur im Wohnzimmer sitzen, wo den ganzen Tag tamilische Sendungen im Fernsehen liefen. Meine Mutter kannte das schon von ihrem ersten Besuch, aber für meinen Vater war alles neu. Und was er sah und erlebte, entsprach nicht dem Bild, das er sich vom Leben seiner Tochter in London gemacht hatte.

Die Kinder des jüngeren Bruders meines Vaters leben auch in London und wir besuchten sie nacheinander. Immer wieder wurde an die Zeit vor dem Krieg erinnert, wie schön es damals im eigenen Land war. Und jedes Mal überkam uns ein Gefühl von Trauer und Sehnsucht.

Mein Vater war der älteste Sohn in seiner Familie und genoss daher großen Respekt von seinen jüngeren Brüdern und deren Kindern. Sie kochten für ihn seine Lieblingsgerichte, auf seinen Diabetes wurde keine Rücksicht genommen. Ich fand das zwar nicht gut, aber für mich war jede glückliche Stunde meiner Eltern wichtiger als der strenge Blick des Arztes. Heimlich servierten sie Brandy nach dem Essen, den mein Vater sehr gern trank. Als Kind mochte ich es nicht, dass mein Vater zu Hause Alkohol trank. Häufig habe ich deshalb Sand und Steinchen in seine Alkoholflaschen gefüllt oder die Flaschen einfach weggeworfen. Jetzt war er so alt und so krank, dass für mich sein Wohlbefinden absoluten Vorrang hatte vor meiner Abneigung gegen Alkohol.

Im Haus meiner Schwester schliefen meine Eltern und ich in einem Zimmer. Mein Vater lag auf dem Boden, meine Mutter und ich teilten uns das Bett. Wir bekamen zwei Decken, eine für meinen Vater und eine für mich und Mutter. Jedes Mal, wenn ich in der Nacht aufwachte, stellte ich fest, dass ich die ganze Decke für mich genommen hatte und Mutter mit eng an den Körper gezogenen Armen und Beinen wie ein Fetus im Mutterleib schlief. Ich deckte sie mit der gemeinsamen Decke zu und versuchte wieder einzuschlafen.

Es war eine sehr ungewöhnliche Situation, mit meinen Eltern nach so lange Zeit in einem Zimmer zu schlafen. Das letzte Mal musste es im Sommer 1990 in unserem alten Haus in Puthur gewesen sein. Ich lag meist zwischen den beiden, mit einem Bein entweder auf meinem Vater oder meiner Mutter. Nur so konnte ich einschlafen. Daran musste ich denken, als ich versuchte, wieder einzuschlafen. Ich hatte das Bedürfnis, ihnen zu sagen, wie behütet ich mich gefühlt habe und wie stolz ich auf sie war, dass sie es geschafft haben, ihre vier Kinder in Sicherheit zu bringen. Dafür haben sie in ihrem Leben große Opfer gebracht.

Am nächsten Morgen gab es zum Frühstück Sambal (eine Mischung aus Kokosnuss, Zwiebel, Chili, Pfeffer und Salz) mit Weißbrot. Ich fühlte mich an meine Schulzeit in Puthur erinnert, als wir jeden Morgen zum Frühstück Brot mit Sambal bekamen. Meine Mutter verbrachte den ganzen Vormittag damit, im Bad die Wäsche meines Vaters zu waschen. Ich fand es schrecklich und konnte es kaum mit ansehen, dass sie, die nur noch wenig Kraft hat, die Wäsche von Hand waschen musste. Sie erlaubte mir auch nicht, ihr zu helfen. Dass meine Mutter sich so quälen musste, machte mich wütend. Als sie endlich mit der Wäsche fertig war, durfte ich ihr doch noch helfen und die Kleidungsstücke im Garten auf die Leine zwischen den zwei Birnbäumen hängen. Beim Aufhängen konnte ich noch reichlich Wasser aus den Wäschestücken pressen. Auch das zeigte mir, wie schwach meine Mutter geworden war.

Ich hätte meine Schwester und meinen Schwager gerne gefragt, warum meine Mutter die Waschmaschine nicht benutzen durfte. Aber im Haus meines Schwagers war es mir nach tamilischer Tradition nicht erlaubt, etwas zu sagen, geschweige denn zu kritisieren oder gar einzugreifen.

Weil er meine Schwester geheiratet hatte, musste mein Schwager mit Dankbarkeit und Respekt behandelt werden. Nicht einmal als er meine Schwester vor den Augen meiner Mutter, die ihren eine Woche alten Enkel in den Armen hielt, zu Boden warf und mit Füßen trat, durfte ich dagegen einschreiten.

Meine Eltern im Jahr 2003

Dieses Erlebnis bereitete mir schlaflose Nächte. Wie schlimm musste es für meine Mutter sein zuzusehen, wie ihre Tochter von ihrem Schwiegersohn geschlagen wurde. Bis heute habe ich mit Mutter nicht darüber sprechen können.

Ich war heilfroh, dass mein Schwager meine Schwester und die Kinder nicht im Beisein meines Vaters geschlagen hat. Das hätte er nicht ertragen. Er ist gegen jede Form von Gewalt und verachtet Eltern, die ihre Kinder schlagen, was auf Sri Lanka leider die Regel ist. Oft prügeln Eltern die Kinder so heftig, dass sie sogar Arm- oder Beinbrüche davontragen. Ihre brutale Gewalt versuchen sie zu vertuschen, indem sie zum Beispiel behaupten, dass das Kind von der Treppe gefallen sei. Häufig kommen Kinder mit so schweren Verletzungen in die Schule, dass zu ihrem Schutz sogar die Polizei eingeschaltet werden muss.

Mein Vater hat mich, soweit ich mich erinnern kann, ein- oder zweimal als Kind mit einem Stöckchen geschlagen, das schon beim ersten Schlag zerbrach. Ich hatte beide Male das Gefühl, dass es ihm dabei schlechter ging als mir. Vor meiner Mutter mussten wir uns als Kinder allerdings in Acht nehmen. Wenn ich etwas angestellt hatte, sollte ich mindestens einen Meter Abstand zu ihr halten, riet mir mein Vater, damit die Entfernung zwischen meinem Rücken und ihrer rechten Hand zu groß für einen Schlag war. Meistens rannte ich vor Mutter davon und kletterte auf ein Bäumchen im Hof. Nachdem sie sich beruhigt hatte, kam ich wieder runter. Meistens war dann alles vergessen, und ich kam ohne den Schlag ihrer rechten Hand davon.

Bei unserem Wiedersehen in London kamen meine Eltern auch auf das Thema zu sprechen, vor dem ich mich am meisten fürchtete: Ich sollte endlich einer Heirat zustimmen. Ich hatte bereits mehrere Heiratsangebote von tamilischen Eltern erhalten, die in Deutschland, der Schweiz oder Dänemark lebten, und deren Töchter ebenfalls Medizin studierten. Meine Eltern hatten mich mehrfach um die Zustimmung zu einer arrangierten Heirat mit einer dieser jungen Frauen gebeten. Mein Vater wies noch besonders drauf hin, dass es sich um Frauen aus den oberen Kasten handelte.

Ich wusste nicht, wie ich mit meinen Eltern, die durch den hinduistischen Glauben und die tamilische Kultur geprägt waren, über meine eigene Lebensvorstellung sprechen sollte.

Während des Studiums konnte ich meine Weigerung zu heiraten damit begründen, dass ich mich auf das Studium konzentrieren müsse, und ich außerdem alles Geld, das ich mühsam sparte, jeden Monat zu ihrer Unterstützung nach Sri Lanka schickte. Für eine Hochzeit blieb da wirklich nichts mehr übrig. Nach dem Studium, während ich an meiner Doktorarbeit schrieb, musste ich noch mehr Geld nach Sri Lanka schicken, damit die Krankenhauskosten meines Vaters bezahlt werden konnten. Ich hatte kaum noch genügend Geld für mich selbst, geschweige denn für eine Familie. In der Regel versuchte ich, bei den Telefongesprächen mit meinen Eltern das Thema Heirat erst gar nicht aufkommen zu lassen.

Was mich bei diesem Thema noch besonders stört, ist die absolute Akzeptanz des Kastensystems. Von der Geburt bis zum Tod gehört man einer bestimmten Kaste und einer entsprechenden Berufsgruppe an. Priester stehen an der Spitze des Kastensystems, und Priester kann nur werden, wer aus einer Priesterfamilie stammt. Großgrundbesitzer gehören zur oberen Kaste. Ein Feldarbeiter kommt aus einer Familie, die seit Generationen auf den Feldern von Großgrundbesitzern gearbeitet hat. Der Friseur kann nur aus einer Friseurfamilie stammen. Und beide Berufsgruppen gehören der niedrigsten Kaste an. In Sri Lanka mag dieses System noch Gültigkeit haben. Aber für die tamilischen Flüchtlinge, die nach Europa gekommen sind, dürfte dieses starre Kastensystem keine Bedeutung mehr haben. Die meisten Flüchtlinge mussten – unabhängig von ihrer Kastenzugehörigkeit – zunächst als Tellerwäscher, Küchenhilfen oder Reinigungskräfte arbeiten. Viele von ihnen haben es sogar geschafft, ihren Kindern eine gute Schulausbildung zu bieten, und so kann es sein, dass die Kinder von ehemaligen Feldarbeitern Ärzte und Anwälte geworden sind. Es ist für meine Eltern sehr schwer, die Überwindung der Kastenschranken als eine positive Entwicklung zu verstehen und die Menschen nicht nach ihrer Kastenzugehörigkeit zu beurteilen. Dieses Denken scheint zu tief in ihren Köpfen verankert zu sein, Argumente können sie nicht überzeugen.

Geheiratet wird traditionell innerhalb derselben Kaste. Für die Einwilligung der Eltern zu einer Heirat von Sohn oder Tochter ist neben dem Beruf und der Familie vor allem die Kastenzugehörigkeit entscheidend. Schließt jemand eine Ehe mit einem Angehörigen einer niedrigeren Kaste, wird der Betreffende automatisch dieser Kaste zugerechnet.

Mir fehlt jedes Verständnis dafür, dass Menschen aus oberen Kasten, die während des Kriegs nach Europa und Amerika geflohen sind und in ihren Exilländern benutzte Teller von Fremden abwaschen, Toiletten putzen und manchmal in der Pflege den Hintern eines fremden Menschen wischen mussten, immer noch an dem starren, intoleranten, unvernünftigen Kastensystem festhalten und sich als Angehörige der oberen Kasten gerieren, wenn es um die Heirat geht. Und das nach so viel Elend und gemeinsam erlittenem Leid im Bürgerkrieg.

Genauso absurd finde ich es, dass vor einer Eheschließung die Eltern der Braut den Eltern des Bräutigams eine Mitgift versprechen müssen. Die Familie der Braut muss einen bestimmten Geldbetrag oder ein Haus oder Gold, manchmal sogar alles zusammen, aufbringen. Die Höhe der Mitgift hängt dabei von der Stellung des Bräutigams ab.

Auch vor der Heirat meiner Schwester hatte mein Vater das eigene Haus, Gold, die Übernahme der Kosten für die Hochzeit und fünftausend Euro als Mitgift versprochen. Dieses Versprechen konnte er jedoch nicht halten. Für mich war es sehr unangenehm, dass ich mich jedes Mal, wenn ich meine Schwester besuchte, für das noch ausstehende Geld gegenüber meinem Schwager verantworten sollte. Ich war damals Student und finanzierte mein Studium mit meiner Tätigkeit in der Pflege, und das, was ich am Ende des Monats übrig hatte, schickte ich meinen Eltern. Mit zusätzlichen Ferienjobs als Komparse oder Promotor für Brillengeschäfte verdiente ich Geld für die Hochzeiten meiner Schwestern.

Ich war meinem jüngeren Bruder, der mittlerweile in New York lebte, sehr dankbar, dass er rechtzeitig vor dem Besuch meines Vaters in London den Restbetrag der versprochenen Mitgift bezahlen konnte. Sonst hätte mein Vater seinem Schwiegersohn nicht unbefangen gegenübertreten können, sondern, seiner Ansicht nach, Gesicht und Ehre verloren.

Viele Tamilen, die jetzt in Europa oder den USA leben, heiraten Frauen aus Sri Lanka. Die Eltern sind froh, dass sie auf diese Weise, ohne Hilfe von Schlepperorganisationen, ihre Töchter nach Europa oder in die USA bringen können. Dafür verlangen die Familien der Männer jedoch eine hohe Mitgift. Für sie ist die Heirat ein lukratives Geschäft.

Dieses traditionelle Denken, die Einschränkungen und die Intoleranz, die mir die Kultur meiner Eltern aufzwingen will, entfremden mich mehr und mehr von meiner Familie. Ich fühle mich Deutschland und der Gesellschaft meiner neuen Heimat näher als der tamilischen Kultur und lebe als normaler Bürger dieses Landes.

Meine Eltern sehen in mir immer noch das tamilische Kind. Sie erkennen nicht, dass die Wurzeln eines Bäumchens, das aus einem Land in eine anderes verpflanzt wird, in dem neuen Land weiter wachsen und unter der Erde größer werden. Dass die Wurzeln von dem neuen Land ernährt und geprägt werden, sieht keiner. Sie nehmen nur den Baum, das Äußere, wahr und sehen immer noch einen Baum aus Sri Lanka. Sie vergessen dabei, dass dieser Baum vieles aus der neuen Heimat in sich trägt.

Was ich in London erlebte, machte mich sehr traurig. Jahrelang hatte ich Sehnsucht nach meiner Familie. Sie wieder zu sehen, die ich mit zwölf Jahren verlassen musste, war mein größter Wunsch gewesen. Ich empfand Wut und Verzweiflung darüber, dass der Bürgerkrieg es geschafft hatte, dass ich mich in meiner eigenen Familie fremd fühlte. Eine wunderbare Familie wurde durch den Bürgerkrieg zerrissen. Die Kinder leben an vier verschiedenen Orten der Welt, fünf Nationen in einer Familie. Meine Eltern sind Sri Lankaner, die Schwester Vani ist Kanadierin und Nala Engländerin, mein Bruder Jana ist Amerikaner und ich bin Deutscher.

Nach einer Woche in London kam der Tag des Abschieds. Wir standen vor dem Haus meiner Schwester. Ich umarmte meinen Vater. Das schien ihn sichtlich zu überfordern. Meine Mutter umarmte mich dagegen ganz selbstverständlich. Beide sagten, dass ich auf mich aufpassen solle. Sie wiederholten noch einmal, wie wichtig es sei, dass ich heirate und eine Familie gründe.

Ich war dankbar, dass meine Schwester unser Wiedersehen in London möglich gemacht hatte. Und ich bin glücklich, dass wir damit einen Herzenswunsch meines Vaters erfüllen konnten.

Nach 16 langen Jahren, in denen ich mich nach meinen Eltern gesehnt hatte, fühlte ich mich jetzt, als ein erwachsener Mann, ihnen gegenüber wie ein Fremder. Ich verabschiedete mich von den beiden mit den Worten »Auf Wiedersehen«. Da konnte ich noch nicht wissen, dass ich meinem Vater zum letzten Mal begegnet war. Wenn ich jetzt meine Augen schließe, sehe ich einen alten, kranken und unglücklichen Mann. Wie hätte ich meinen Vater glücklich machen können? Mit der Zustimmung zu einer Heirat wäre ich mein Leben lang unglücklich geworden.

Der fremde Deutsche

Wir waren vier Prüflinge. Einer war sogar mit Anzug und Krawatte gekommen, obwohl wir am Tag zuvor auf seinen Vorschlag hin beschlossen hatten, ganz leger, nur in Hemd und Hose zur Prüfung zu erscheinen. Eine Art egoistischer Persönlichkeitsstörung, dachte ich mir. Wir waren alle sehr aufgeregt. Die letzte schriftliche Prüfung, das sogenannte Hammerexamen, hatten wir bereits erfolgreich hinter uns gebracht. Nur noch das Ergebnis dieser einen mündlichen Prüfung trennte uns vom Arztsein.

Nach etwa 30 Minuten bangen Wartens riefen die Prüfer uns herein. Wir hatten alle bestanden. Der Kommilitone im Anzug bekam sogar eine Eins. Draußen warteten meine Freunde und Studienkollegen: Fredy, Familie Friedrichs, Isabel und Madlen mit ihren Kindern, die mich alle Onkel Umes nennen. Sie brachten extra alkoholfreien Sekt für mich mit. Bei den anderen Prüflingen waren die Eltern erschienen, für mich waren meine Freunde meine Familie. Natürlich wäre es wunderbar gewesen, wenn meine Eltern hätten hier miterleben können, dass sich mein Lebenstraum, Arzt zu werden, erfüllt hatte. Ich nahm mein Nokia-Handy mit der kleinen Antenne aus der Tasche, ging damit nach draußen und rief meine Eltern auf Sri Lanka an. Mein Vater meldete sich. »Appa, ich bin es, Umes. Ich habe mein Examen bestanden, ich bin jetzt Arzt.« Ich spürte die Freude meines Vaters am Telefon, er sagte: »Sie haben es trotz vieler Schwierigkeiten geschafft, Arzt zu werden. Wir sind alle stolz auf Sie!« Ich war glücklich wie noch nie. Es war das erste Mal, dass mein Vater mir sagte, dass er stolz auf mich ist. Leider musste ich das Gespräch rasch beenden, denn ein Anruf nach Sri Lanka war damals ziemlich teuer.

Sehr viel Zeit zum Feiern und Ausruhen hatte ich nicht. Bereits in einer Woche sollte ich eine Stelle als Assistenzarzt am Universitären Herzzentrum Hamburg-Eppendorf antreten. Ich war glücklich und dankbar, dass ich diese Stelle bekommen hatte. Seit ich während des Studiums in der Herzchirurgie in Lübeck als Aushilfspfleger gearbeitet hatte, war ich von der Herzchirurgie fasziniert.

Als Nichtdeutscher bekam ich zunächst keine Approbation, sondern nur eine »Erlaubnis zum Ausüben ärztlicher Tätigkeit«.

Ich erinnere mich noch sehr gut an den Tag, als ich den Anruf der Sekretärin von Professor Reichenspurner vom Universitären Herzzentrum bekam. Ich saß gerade in der Buslinie 9, auf der Fahrt von der Universitätsbibliothek nach Hause. Sie teilte mir mit, dass ich zu einem persönlichen Gespräch eingeladen sei, und beschrieb mir den Weg zur Herzchirurgie im Haus Ost 70 auf dem Gelände des Universitätsklinikums Eppendorf.

Ich war sehr aufgeregt und machte mir Gedanken, was ich anziehen sollte. Mein einziger Anzug für zwanzig Euro aus dem Secondhandladen, den ich für einen Uniball gekaufte hatte, schien mir für das Vorstellungsgespräch ungeeignet, aber Geld für einen neuen Anzug hatte ich nicht. Meine Kommilitonin Alexia, mit der ich in den letzten Monaten täglich fürs Examen gelernt hatte, konnte helfen. Sie bat ihren Freund, mir einen seiner Anzüge zu leihen. Er war einverstanden. Da ich passende Schuhe und Hemd bereits hatte, fehlte nur noch eine Krawatte. Alexia verstand es schon immer, sich selbst gut zu kleiden, aber sie wusste auch, wie sich Männer kleiden sollten. Wir gingen gemeinsam los und kauften eine blaue Krawatte mit grau-weißen Streifen, sehr seriös, passend zum Anzug ihres Freundes. Es war großartig, einen Hugo-Boss-Anzug zu tragen. Es fühlte sich gut an. Am Vorstellungstag fuhr ich mit dem Regionalexpress von Lübeck nach Hamburg. Die Fahrt kostete nur fünf Euro, da ich auf einer Gruppenkarte mitfahren konnte.

Vor dem Vorstellungsgespräch im
Universitätsklinikum Hamburg-Eppendorf, 2008

Am Hauptbahnhof wartete meine beste Freundin Sahar auf mich. Sie ist Iranerin, und ich bin eine Art großer Bruder für sie. Da noch ein wenig Zeit bis zum Gespräch blieb, gingen wir in ein Café am Siemersplatz, nicht weit entfernt vom Universitätsklinikum. Ich trank einen schwarzen Tee mit Milch und Zucker, wie ich ihn als Kind schon gern getrunken habe. Vom Café aus konnte ich das Restaurant »Antikes« sehen, wo ich während der Abiturzeit und während des ersten Semesters in Lübeck an den Wochenenden als Tellerwäscher gejobbt hatte. Und jetzt, acht Jahre später, war ich dabei, mich für eine Stelle zum Weiterbildungsassistenten in der Herzchirurgie zu bewerben. Welch ein Weg!

Sahar setzte mich am Seiteneingang des Universitätsklinikums ab. Nach der Beschreibung der Sekretärin fand ich schnell das Gebäude Ost 70. Angespannt wartete ich auf den Beginn des Gesprächs. Alles lief erfreulich gut. Am Ende durfte ich noch Fragen stellen oder etwas sagen. »Ich werde eines Tages Herzchirurg sein. Ich würde mich sehr freuen, wenn Sie mich ausbilden«, sagte ich zu Professor Reichenspurner und verabschiedete mich von ihm und den anderen Oberärzten, die beim Gespräch dabei waren. Bis auf einen grauhaarigen Oberarzt mit skeptischem Blick gaben mir alle die Hand. Dass dieser Oberarzt eines Tages für mich ein guter Berater werden sollte, hätte ich mir an diesem Tag nicht vorstellen können.

Der Alltag eines Assistenzarztes entspricht nicht dem Bild, das ich mir während des Studiums gemacht hatte. Zwar gibt es für die Ausbildung zum Herzchirurgen von der Ärztekammer klare Vorgaben, was Dauer und Inhalte betrifft. Aber es gibt keine Kontrolle über die Ausbildung junger Ärzte, und es gibt keine Garantie dafür, dass ein Assistenzarzt auch innerhalb eines bestimmten Zeitraums seinen Facharzt machen kann. Sechs Jahre sollte eine Facharztausbildung dauern. Tatsächlich liegt

Mit Sahar, meiner besten Freundin

die durchschnittliche Ausbildungszeit für Herzchirurgen in Deutschland bei über neun Jahren.

Tausende junger Assistenzärzte arbeiten Tag und Nacht, ohne Einhaltung der europäischen Arbeitszeitschutzgesetze und ohne Bezahlung hunderter Überstunden. Sie tun das in der Hoffnung, dass die Verantwortlichen sie am Ende gut ausbilden. Viele Assistenzärzte in unserem Land fühlen sich nach ihrer Krankenhausarbeit wie eine ausgepresste Zitrone.

Es ist sehr schwer, Mediziner zu motivieren, sich für ihre eigenen Belange öffentlich zu engagieren. Schon während des Studiums ist das Interesse an Hochschulpolitik unter den Medizinstudenten sehr gering. Im Schnitt lag ihre Wahlbeteiligung für die studentischen Gremien während meiner Studienzeit knapp unter fünfzehn Prozent. Wir kämpften am Wahltag sogar mit Würstchen und Bier für jede abgegebene Stimme, um die Wahlbeteiligung auf über zwanzig Prozent zu bekommen. Leider erfolglos.

Genau so schwierig war es, einen Arzt als Kandidaten für den Betriebsrat im Krankenhaus zu gewinnen. Ein harter Kampf. Die meisten Ärzte interessieren sich nicht für die Rechte der Arbeitnehmer, und die Assistenzärzte kandidieren nicht, weil sie fürchten, wegen ihrer Betriebsratsarbeit in der Ausbildung benachteiligt zu werden.

In fast allen Berufen gibt es Ausbildungsverträge, die den Auszubildenden die Sicherheit geben, am Ende der Ausbildung auch die entsprechende Berufsqualifikation zu besitzen. In der Medizin entscheidet allein der Klinikdirektor, ob und wann ein Assistenzarzt zum Facharzt ausgebildet wird. Die Kontrolle der Ausbildung seitens der Ärztekammer oder der Politik findet in Deutschland nicht statt, trotz zahlreicher objektiv festgestellter Mängel und zahlreicher Beschwerden.

Ich wollte keine Kritik an diesem System äußern, ohne selbst einen Beitrag zur Verbesserung zu leisten. Darum bemühte ich mich als Assistentensprecher in meiner Klinik und kandidierte für den Betriebsrat, als einziger Arzt unter den über 200 ärztlichen Mitarbeitern.

In den ersten Jahren meiner Ausbildung war ich als Stationsarzt einer Station zugeteilt, auf der Patienten nach einem herzchirurgischen Eingriff von der Intensivstation übernommen werden und bis zu ihrer Entlassung bleiben. Es war die Station H5B, mein Zuhause bei der Arbeit. Jeden Tag schob ich den Visitenwagen mit den elektronischen Patientenakten von einem Zimmer zum anderen, ging von einem Patienten zum nächsten. Die meisten Informationen über den Heilungsverlauf des Patienten bekam ich vom zuständigen Pflegepersonal. Das ist die Berufsgruppe im Krankenhaus, die die meiste Zeit mit den Patienten verbringt.

Ich stand vor Zimmer 513, die zuständige Pflegerin sprach mich etwas zögerlich an: Es sei vielleicht besser, wenn ein Kollege die Visite übernehmen würde. Es war ihr sichtlich unangenehm. Ich wusste nicht, was ich davon halten sollte, und wollte wissen, was los sei. Sie rückte dann damit heraus, dass der Patient Herr Claussen sich darüber beschwert habe, dass er von einem Schwarzen behandelt werde, der nicht einmal ein richtiger Arzt der Klinik sei. Die Ehefrau des Patienten habe auch schon auf der Station angerufen und gefragt, ob tatsächlich ein Schwarzer als Arzt in der Klinik arbeite. Das überraschte mich sehr, denn bei der Visite am Tag zuvor war mir an Herrn Claussens Verhalten nichts Besonderes aufgefallen. Wie üblich hatte ich das Zimmer mit den Worten »Moin Moin, ihr Lieben« betreten und mich bei jedem Patienten nach seinem Befinden erkundigt. Als ich Herrn Claussen fragte, schaute er aus dem Fenster und sagte nichts. Ich war davon ausgegangen, dass der 80-jährige Patient nach einer schweren Bypass-Operation noch nicht in der Lage war, meine Frage zu beantworten.

Dass sein Verhalten gegen mich gerichtet war, schmerzte mich, aber ich sagte zu meiner Kollegin von der Pflege: »Es ist

mir egal, ob er ein Nazi oder ein Krimineller ist oder welche Vorurteile er mir gegenüber hat. Er ist mein Patient, und ich werde
ihn weiter behandeln.«

Die Beschwerde seiner Ehefrau hatte sich schnell in der Klinik herumgesprochen. Mein Chef regte sich über den Patienten
auf und sagte, dass er ihn jederzeit in eine andere Klinik verlegen könne. Ich bestand darauf, dass er mein Patient sei und ich
ihn weiter behandeln möchte, es sei denn, er wolle freiwillig die
Klinik verlassen.

Ich erinnerte mich an eine ähnliche Situation, als ich auf der
Überwachungsstation während meines Nachtdienstes nach einem Patienten gesehen hatte, der wegen einer Herzschwäche
mit vielen Medikamenten behandelt wurde. Ich wollte sicherge-
hen, dass sein Zustand stabil war, und ich keine weiteren Maß-
nahmen ergreifen musste.

Am nächsten Tag beschwerte sich der Patient bei der Visite
des Stationsarztes, dass in der Nacht ein pakistanischer Flüchtling in sein Zimmer gekommen sei und sich als Arzt ausgegeben
habe. Mein Kollege ärgerte sich über den Patienten und gab dessen Äußerung an den Chefarzt weiter. Der Chef sagte dem Patienten während seiner Visite so ganz nebenbei: »Bitte wundern
Sie sich nicht, dass in unserer Klinik pakistanische Flüchtlinge
als Ärzte tätig sind. Das sind übrigens die besten, die wir haben«,
und verließ das Patientenzimmer. Mein Kollege, der dabei war,
erzählte mir die Geschichte, und wir amüsierten uns sehr darüber.

Nun stand also die zweite Visite bei Herrn Claussen an, der
nicht von einem dunkelhäutigen Arzt behandelt werden wollte.
Für mich war es wichtig, ohne Emotionen, sachlich und höflich
mit ihm umzugehen. Ich muss jeden Patienten gleich gut behandeln, unabhängig von seiner Herkunft, Hautfarbe, Religion oder politischen Einstellung. Das ist meine ärztliche Pflicht.
Selbst einen srilankanischen Präsidenten, der für die Verfolgung
und Vernichtung von Tausenden von Tamilen verantwortlich ist,

muss ich, wenn er mein Patient ist, so gut behandeln, wie ich es bei meinem eigenen Vater tun würde.

Ich betrat also Zimmer 513, begrüßte Herrn Claussen, auskultierte seine Lunge, kontrollierte seine Wunden am Brustbein und am rechten Unterschenkel, wo die Venen als Bypass-Material entnommen worden waren, und suchte seine Arme und Beine nach Ödemen ab. Ich erklärte ihm, wie wichtig das regelmäßige Atemtraining nach einem herzchirurgischen Eingriff sei, und dass es besser sei, tagsüber zu sitzen, zu stehen oder zu gehen, als im Bett zu liegen, um einer Lungenentzündung vorzubeugen. Eine Lungenentzündung könne bei älteren Menschen sogar tödlich enden. Beim Sitzen bat ich ihn, seine Beinmuskeln durch Fußbewegungen zu aktivieren, damit die Muskelpumpe die peripheren Ödeme schnell zum Herzen und somit über die Nieren hinausbefördern könne. Am Ende formte ich noch einen kleinen Ball aus einem OP-Höschen, mit dem er Handgymnastik machen sollte, um seine Handödeme wegzubekommen.

Dann bereitete ich mit der Pflegerin die Entfernung der Thoraxdrainage, die zum Abfluss von Wundflüssigkeit nach der OP gelegt worden war, vor. Für die Patienten ist das Herausziehen der Drainage sehr unangenehm. Mit viel Geduld erklärte ich Herrn Claussen jeden Schritt und entfernte problemlos die Drainage. Ich erklärte ihm auch jedes Medikament, das er aktuell einnehmen musste. Ich visitierte ihn täglich, und nicht einmal bekam ich ein Wort von ihm zu hören. Meistens vermied er es, mich anzusehen. Das war frustrierend.

Herr Claussen machte Fortschritte, und es kam nicht einmal zu einer Rhythmusstörung, wie es oft nach einem herzchirurgischen Eingriff der Fall ist, bedingt durch Elektrolytverlust beziehungsweise Volumenverschiebung. Ich entfernte sein Schrittmacherkabel, das während der Operation eingelegt worden war. Auch das erklärte ich ihm genau.

Normalerweise wird die Herzultraschall-Untersuchung vor der Entlassung vom Kollegen des Spätdienstes durchgeführt. Da es mir wichtig war, und ich es auch als eine Herausforderung für mich empfand, möglichst oft Herrn Claussen die Chance zu geben, mich kennenzulernen, führte ich diese Untersuchung selbst durch. Ich erklärte ihm die Schwarz-Weiß-Bilder und die Strukturen am Herzen und die Farben beim Farbdoppler über seinen Herzklappen.

Ich beteiligte mich auch an der Suche nach einer Reha-Klinik für ihn, um seinen Wunsch nach einem Aufenthalt in der Curschmann Klinik an der Ostsee zu erfüllen, und telefonierte mit den netten Damen vom Reha-Management. Am siebten Tag nach seiner Bypass-Operation plante ich, ihn in die Reha-Klinik verlegen zu lassen. Am Entlassungstag ging ich ins Zimmer 513. Herr Claussen saß auf der Bettkante, sein gepackter Koffer lag auf dem Stuhl und ein Gehstock stand angelehnt am Bettende. Ich war sehr froh, dass er ohne Komplikationen seine Bypass-Operation überstanden hatte. Ich wünschte ihm alles Gute und sagte: »Halten Sie Abstand zum Krankenhaus, bleiben Sie gesund, ich möchte sie nie wieder bei uns sehen.« Ich lächelte ihn an und verließ das Zimmer, um meine Visite fortzusetzen.

Vorurteile und Ablehnung erfahre ich natürlich nicht nur bei meiner Arbeit in der Klinik, sondern auch im Alltag und in meiner Freizeit.

Häufig schon ist mir der Zugang zu Diskotheken verweigert worden, weil ich eine dunkle Hautfarbe habe. Die Leute unterstellen mir, dass ich aggressiv sein könnte und eventuell Unruhe stiften würde. Schon während meiner Abiturzeit und vor allem während meines Studiums in Lübeck hatte ich Probleme, in eine Diskothek reinzukommen. Manchmal hieß es: »Tut mir leid, heute kommen keine Ausländer rein, weil letzte Woche zehn Türken Stress gemacht haben.« Was habe ich mit dem

Verhalten dieser zehn Türken zu tun, was haben Ausländer oder bei uns lebende Türken mit diesen zehn gewaltbereiten Jugendlichen zu tun?

Wenn ich von den anderen immer nur als Ausländer gesehen werde, kann ich es nie im Leben schaffen, ein Teil der deutschen Gesellschaft zu werden. Und genauso wenig habe ich eine Chance, wenn ich mich selbst nur als Sri Lankaner sehe. Ich fühle mich längst als deutscher Staatsbürger und als ein Teil dieser Gesellschaft – bis mir wieder mal ein rassistischer Idiot dieses Gefühl austreiben will.

So wie an einem Abend beim Rosenheimer Herbstfest. Mein Mitbewohner und Freund Berndi stammt aus Rosenheim, einer Stadt südlich von München mit einem schönen weiten Blick auf die bayerischen Berge. Begeistert erzählte er mir vom Rosenheimer Herbstfest und zeigte mir Bilder davon. Männer in Lederhosen und bunten Trachtenhemden und Westen und Frauen in wunderschönen Dirndln. Die Farben erinnerten mich an eine traditionelle tamilische Hochzeit mit all den farbenprächtigen Saris und bunten Hemden. Natürlich war meine Neugier geweckt, und ich wollte ein Herbstfest in Rosenheim miterleben, auch wenn ich kein Bier trinke. Lachend versicherte Berndi mir, dass es dort reichlich Apfelsaftschorle für mich gebe.

Ich buchte rechtzeitig einen günstigen Flug von Hamburg nach München und wartete dort auf den Regionalexpress Richtung Salzburg. Nach etwa einer Stunde kam ich in Rosenheim an. Berndi holte mich mit seiner Freundin Heike und meiner Gastgeberin Birgit, einer Freundin der beiden, vom Bahnhof ab. Mit Berndis Kollegen Frank aus Hamburg fuhren wir zu einem großen Trachtenladen, um eine Lederhose für mich zu kaufen. Es gab eine Riesenauswahl in allen Preiskategorien. Mit Zustimmung von Birgit und Heike erstand ich meine erste Lederhose und zahlte dafür stolze 385 Euro. Manche zahlen sogar über tausend Euro für eine Lederhose.

Eine passende Weste und ein Trachtenhemd wurden auch noch gekauft, die Schuhe hatte ich mir bereits in Hamburg besorgt und die zur Lederhose passenden Kniestrümpfe schon zum Geburtstag im März als eine Einladung zum Herbstfest von Heike und Berndi geschenkt bekommen.

Berndi machte mit mir eine Autofahrt in die Umgebung von Rosenheim, ich bewunderte die herrliche Landschaft am Chiemsee mit den hohen Bergen im Hintergrund, ein Traum. Anschließend fuhren wir in das Dorf Zacking, wo ich die Gastfreundschaft von Berndis Eltern genießen durfte.

Berndis Vater zeigte mir seinen Garten mit den Kräuterbeeten und Obstbäumen und besonders seinen kleinen Weinberg hinter dem Haus. Wir saßen im Garten und tranken selbstgemachten Apfelsaft. Der Garten erinnerte mich an die vielen Bananenbäume und Mangobäume im Hinterhof meines Elternhauses, aber ein Weinberg war schon etwas Besonderes.

Am nächsten Tag gingen wir alle gemeinsam bereits am Mittag in voller Tracht zum Herbstfest. Ein sehr ungewohntes Gefühl für mich, mit einer Lederhose unterwegs zu sein, bayerisch und traditionell. Ich hatte es mir unbequemer vorgestellt, aber die Lederhose trug sich gut und sah auch schön aus. In einem Riesenzelt mit über fünftausend Plätzen hatte Berndi vorsorglich einen Tisch reserviert. Die Bedienungen konnten unglaublich viele Maßkrüge auf einmal tragen. Mitten im Zelt gab es eine Musikbühne, auf der Volksmusik gespielt und gesungen wurde. Je näher der Abend rückte, umso mehr Menschen standen auf den Bänken und sangen, tanzten und tranken Bier. Ich habe die Texte, die gesungen wurden, nicht verstehen können, aber die Stimmung war fröhlich und ausgelassen.

Während meine Rosenheimer Freunde Bier tranken, bestellte ich mir Apfelsaftschorle und dazu ein halbes Hendl. Es gehört sich, dass man ein Hendl aus der Hand isst. Das kam mir sehr

Beim Rosenheimer Herbstfest mit Berndi
und seiner Freundin Heike, 2014

vertraut vor, denn bis zu meinem zwölften Lebensjahr hatte ich nur mit den Händen gegessen.

Vor dem Zelt gab es einen Jahrmarkt, ähnlich dem Hamburger Dom. Viele Familien waren mit ihren Kinder unterwegs, selbst die Kleinsten der Kleinen hatten Trachten an. Ich freute mich, bei diesem fröhlichen Volksfest dabei zu sein. Ich bekam immer wieder einen neuen Tischnachbarn, sobald der Sitzplatz neben mir frei wurde. Man begrüßt sich mit »Servus« und stößt mit dem Bierkrug an, und schnell wird ein Fremder zum Bekannten, mit dem man gemeinsam feiert und lacht.

Nach dem Herbstfest gingen wir, für Heike war es schon Tradition, zum »Rosenheimer Asia Imbiss«, wo verschiedene asiatische Gerichte zu günstigen Preisen angeboten werden. Wir standen mit unserem asiatischen Hähnchengericht am Straßenrand und beobachteten die angetrunkenen Menschen auf dem Nachhauseweg. Einige waren kaum mehr in der Lage, einen Schritt vorwärts zu kommen, andere waren noch mit Begeisterung singend und tanzend auf der Straße unterwegs. Nach dem Essen ging ich mit der Rosenheimer Clique, Heike, Berndi, Birgit, Christian und Maria, zu einer Diskothek. Alle vor mir kamen ohne Problem durch die Tür, aber mir wurde der Zutritt verweigert. Wie schon so oft während meiner Studienzeit in Lübeck. Damals habe ich gelernt, mich auf keine Diskussion mit Türstehern einzulassen. Aber es war niederschmetternd, nach so einem wunderschönen Tag wieder so behandelt zu werden.

Meine Freunde wollten sich damit nicht abfinden und diskutierten mit dem Türsteher. Seine Argumente, wenn man seine Vorurteile so nennen will, waren absurd und nicht akzeptabel.

Für meine Freunde war es unangenehm, dass ihr Gast nicht in die Diskothek, in der sie jahrelang gefeiert hatten, reingelassen wurde. Ob ich reingekommen wäre, wenn ich meinen deutschen Ausweis vorgezeigt hätte, wage ich zu bezweifeln. Irgendwann werden solche Leute hoffentlich akzeptieren, dass ein Deutscher nicht hellhäutig, blond und blauäugig sein muss, sondern dass Deutsche auch aussehen können wie ich. Und sie werden hoffentlich auch lernen, Ausländer und Deutsche gleich zu behandeln. Bis dahin scheint es aber noch ein weiter Weg.

Ich überredete meine Freunde weiterzuziehen. Dann standen wir vor einem anderen Club, wo ich ebenfalls nicht reingelassen wurde. In diesem Augenblick musste ich einfach nur lachen. Ich sagte Danke, drehte mich um und ging weg. Meine Freunde schämten sich für das, was passiert war, und ich fühlte mich schlecht, weil ich sie in eine unangenehme Situation gebracht hatte.

Keine fünfzig Meter vor der Diskothek entfernt, lag ein betrunkener Wiesngänger bewusstlos auf dem Boden, während die Polizei vergeblich versuchte, ihn wachzurütteln. Ich ging hin, bot der Polizei meine ärztliche Hilfe an und überprüfte den Kreislauf des jungen Mannes: ein kräftiger Puls mit ausreichendem Blutdruck, lichtreagible Pupillen und normale Atmung. Ein typischer Zustand bei Volltrunkenheit. Ich brachte den jungen Mann in eine stabile Seitenlage und bat die Polizei, ihn zur Überwachung ins Krankenhaus zu bringen, und ging mit meinen Freunden fort.

Wir standen vor der dritten Diskothek, und meine Freunde gingen zuerst zum Türsteher und fragten, ob er ihren Freund aus Hamburg reinlassen würde. Der hatte nichts dagegen, wir gingen alle rein und feierten unseren Frust weg.

Auf dem Nachhauseweg begegnete ich einem großen blonden Jungen, der mit seinem rechten Zeigefinger auf mich wies und zu seinem Kumpel sagte: »Guck mal, wir haben einen Neger in der Stadt.« Vielleicht sollte ich öfter in Rosenheim sein, vielleicht sollten viele Dunkelhäutige wie ich mit Lederhosen auf das Herbstfest gehen. Vielleicht sagt dann der Junge eines Tages: »Guck mal, der Umes ist in der Stadt.« Das wäre schön.

Kaum ein Land auf dieser Welt hat eine bessere medizinische Versorgung als Deutschland. Wenn wir diesen medizinischen Standard in unserem Gesundheitssystem aufrechterhalten möchten, müssen wir bereit sein, Menschen aus anderen Ländern zu unseren Mitbürgern zu machen.

Die Patienten werden immer älter und immer mehr Menschen werden zum Pflegefall. Der Bedarf an Pflegepersonal wächst so schnell, dass wir mit unserem ausgebildeten Personal in einigen Bundesländern jetzt schon nicht auskommen. Für viele Deutsche ist der Pflegeberuf nicht mehr attraktiv, viele machen eine Umschulung, wechseln ihren Beruf oder wandern in Länder aus, wo es bessere finanzielle Anreize gibt.

Wir sind auf die Menschen angewiesen, die aus dem Ausland zu uns kommen, denn sie akzeptieren die Bezahlung und sind bereit, in unserem Gesundheitssystem Leistungen zu erbringen. Das setzt aber auch Anerkennung und Respekt gegenüber ausländischen Mitarbeitern voraus. Ich bin froh und dankbar, dass ich bisher in meiner klinischen Tätigkeit diskriminierende Sprüche wie »Schau mal, da kommt der Neger mit dem Kittel« nicht hören musste, oder Äußerungen wie die eines Kollegen, der mit der Familie im Urlaub in Afrika unterwegs war und mit Freude berichtete, dass er bei »all inclusive« einen Neger zur Verfügung gestellt bekommen habe.

Während ich noch vor dem Patientenzimmer 527 mit dem Visitenwagen stand und die nächste elektronische Akte studierte, klopfte mir plötzlich Herr Claussen, der auf seinen Transport zur Reha-Klinik wartete, auf die Schulter. Als ich mich umdrehte, sagte er: »Du bist ein guter Junge«, und schaute mich freundlich an.

Das war eines meiner schönsten Erlebnisse im Krankenhaus. Der Mensch ist bis zum letzten Atemzug in der Lage, etwas dazuzulernen. Es wäre unvernünftig gewesen, Herrn Claussen in die Schublade mit der Aufschrift »Rassist« zu packen. Es wäre auch verständlich gewesen, wenn ich ihn nicht weiter behandelt hätte. Das vernünftige Verhalten war genau das, was ich getan habe. Auf jemanden, der aus Vorurteilen von dir Abstand nimmt, zuzugehen.

Vermutlich hatte Herr Claussen zuvor nie die Gelegenheit, einen Dunkelhäutigen kennenzulernen. Vielleicht begegnet er in der Zukunft einem Dunkelhäutigen anders als bisher. Vielleicht habe ich mit meinem Verhalten einem achtzigjährigen Mann die Chance gegeben, nicht als Rassist zu sterben. Ich halte es für wichtig, mit dem Andersdenkenden in einen Dialog zu kommen, auch wenn es viel Energie und Geduld kostet. Wenn wir die nicht investieren, ändern wir niemanden. Mit unserer Hilfe haben sie vielleicht die Möglichkeit, über ihren eigenen Schatten zu springen, jeden Menschen als Menschen zu sehen und keine Unterschiede zu machen. Der Fremde bleibt nur solange fremd, wie er sich als Fremder fühlt und von der Gesellschaft als Fremder wahrgenommen wird.

Meine afghanische Familie

Es war das Geräusch einer Fußkette bei dem indischen Tanz »Bharatanatyam«, das mich aus dem Schlaf weckte. Mein Kopf lag auf einem Kissen auf dem Schoß meiner »afghanischen Mutter«. Im Fernsehen lief die indische Filmpreisverleihung »Filmfare«, bei der die 50-jährige indische Schauspielerin Sridevi diesen Tanz aufführte, den sie vor über 30 Jahren im Film getanzt hatte.

Sridevi, die Königin aller indischen Schönheiten. Eine Frau, die die indische Welt mit ihrer Schönheit eroberte. Meine afghanische Mama liebt sie ebenso wie den berühmten indischen Schauspieler Amitabh Bachchan. Alle seine Filme hat sie gesehen.

Mein großer afghanischer Bruder Mustafa war für indische Filme nicht zu haben. Er saß, wie immer, in seinem Zimmer und studierte amerikanische Bücher über Radiologie. Ein Radiologie-Freak, könnte man sagen. Vermutlich gibt es auf dieser Welt kein radiologisches Buch, das er noch nicht gelesen hat.

Meine ältere afghanische Schwester Mina kam ins Zimmer, als sie von der Küche aus den Auftritt von Sridevi mitbekam. Sie ist die gute Seele der Familie, die nach ihrer Arbeit als Betreuerin in einem Kindergarten ihre Mutter tatkräftig im Haushalt unterstützt. Meine kleine Schwester Vanajan saß neben der Mama, erschöpft von ihrer ärztlichen Tätigkeit, und genoss den Auftritt Sridevis.

Mein afghanischer Vater hatte keine andere Wahl, als seinen Feierabend mit uns gemeinsam im Fernsehraum zu verbringen. Sie alle nennen mich Umesjan. Die Endsilbe jan bedeutet Liebling und wird als Ausdruck der Wertschätzung und Zuneigung verwendet. Ich nannte meine afghanischen Eltern auch meistens Mamajan und Papajan.

Es war immer wieder schön, nach einem anstrengenden Arbeitstag in der Klinik den Freitagabend mit meiner afghanischen Familie zu verbringen. Hier fühle ich mich wohl und geborgen. Ein Gefühl, das ich seit meinem zwölften. Lebensjahr nicht mehr allzu oft gespürt habe. Es war das Bedürfnis, wieder ein Kind zu sein, wie ich es auf Sri Lanka bei meinen Eltern immer sein durfte. Ein Zustand, der mir unerwartet und plötzlich genommen worden war. Diese mütterliche Liebe und Geborgenheit genoss ich, während mein Kopf auf dem Schoß meiner afghanischen Mama lag.

Es erinnerte mich an die Busfahrt im Dezember 1990, als meine Mutter mich aus meinem Versteck aus Kandy nach Colombo abgeholt hatte und ich im Bus vor Müdigkeit auf ihrem Schoß lag, während sie mir immer wieder über den Kopf streichelte. Meine Mutter hatte mich für einige Tage nach Kandy gebracht, bis sie in Colombo einen Schlepper gefunden hatte.

Dieses Streicheln meiner Mutter spürte ich auf meinem Kopf, diesmal kam es aber von Mamajan. Während alle ihren Blick auf Sridevi und ihren Auftritt im Fernsehen richteten, dachte ich an die erste Begegnung mit meiner afghanischen Mama zurück.

Es muss 1997 gewesen sein. Im Einkaufszentrum Mümmelmannsberg kamen mir vier Frauen entgegen. Meine afghanische Schulkameradin Vanajan war eine von ihnen. Sie stellte mich ihrer Familie vor, vermutlich als Schulsprecher der Gesamtschule Mümmelmannsberg. Sie alle begrüßten mich sehr freundlich. Seit dieser ersten Begegnung grüßte ich die afghanische Familie, wenn ich sie beim Einkaufen oder Spazierengehen traf, indem ich meine rechte Hand auf meine Brust drückte und mich dabei leicht verbeugte, ein Zeichen des Respekts. Außerdem wusste ich nicht, ob es in der afghanischen Kultur üblich ist, sich die Hand zu geben.

Einmal begegnete ich meiner afghanischen Mama mit ihrer älteren Tochter Minajan, sie kam auf mich zu, streichelte mit ihrem rechten Handrücken meine linke Wange und schaute mich mit einem mütterlichen Blick an. Ich spürte die Wärme, die tief aus ihrem Herzen kam.

Es war in der Zeit, als mir die Abschiebung drohte. Ich kämpfte monatelang mit tatkräftiger Unterstützung meiner Schule, meiner Lehrer und sehr vieler Menschen aus Hamburg. Sie alle gaben mir den nötigen Rückhalt für den Kampf gegen meine Abschiebung. Jede freie Stunde, die ich neben der Schule und dem Tellerwäscher-Job erübrigen konnte, nutze ich dafür. Ich fühlte mich stark, aber als ich vor meiner afghanische Mama stand, war ich plötzlich wieder der kleine zwölfjährige Junge, der sich nach Mutterliebe sehnte.

Als ich schon in Lübeck studierte und nur an den Wochenenden nach Hamburg kam, um in einer Restaurantküche zu arbeiten, begegnete ich der afghanischen Familie nach langer Zeit zufällig wieder. Die Mutter bestand darauf, dass ich mit ihnen nach Hause zum Essen komme. Ich freute mich sehr über ihre Einladung. Die Wohnung lag am Rande von Mümmelmannsberg, mit freiem Blick auf weite Felder. Als die Wohnungstür aufging, dachte ich nur, wie schön eine Wohnung in einem sechsstöckigen Hochhaus mit grauen Wänden sein kann. Die Schuhe wurden draußen ausgezogen wegen der wertvollen Teppiche. Im Flur hing an der Seite ein goldener Spiegel, darunter stand eine Kommode mit verzierten Griffen. Es folgte der Essbereich, ebenfalls mit einem Spiegel an der Wand und Stühlen für sechs Personen. Meine afghanische Mama konnte beim Essen von jedem Platz aus in den Spiegel schauen. Auf der Fensterbank standen gerahmte Fotos der Familie aus Afghanistan, Amerika und Deutschland. Meine Mamajan war 16 Jahre, als sie Papajan geheiratet hat. Auf den Fotos sahen sie aus wie ein Traumpaar aus Hollywood. Es ging weiter ins Wohnzimmer, ein großer Empfangsraum, ausgestattet mit Sitzgelegenheiten und Schränkcn. Auf dem Sofatisch standen mehrere Schalen mit Rosinen und verschiedenen Nüssen, typisch afghanisch. An der Balkontür ein großer Blumentopf, auf dem Balkon viele verschiedene Pflanzen, ein Kleingarten mitten in der Wohnsiedlung. An der Wand hing ein wunderschöner kostbarer Teppich. Ich sah ein kleines Afghanistan vor mir. Vermutlich hatte die Familie so gelebt, bevor sie von den Taliban verjagt wurde.

Das Essen war schon vorbereitet, ein riesiger Teller in der Mitte des Tisches mit Basmati-Reis mit Rosinen und Nüssen. Dazu ein Kürbisgericht mit roter Soße und Spinat. Es gab einen Salat mit Tomaten und Zwiebeln und dazu Joghurt. Mein erstes afghanisches Essen. Es war lange nicht so scharf wie die Speisen auf Sri Lanka, aber die Gewürze waren ähnlich. Ich war der Gast, und die ganze Familie stellte mir Fragen und wollte alles von meiner Familie und von mir erfahren. Ich berichtete von meinen Geschwistern und Eltern. Wir sprachen über die Kultur und das Familienleben auf Sri Lanka und stellten viele Parallelen zum afghanischen Familienleben fest.

Sie fragten nach meiner Religion, und ich sagte, dass ich Hindu sei. Mamajan wollte wissen, ob ich regelmäßig bete. Ich antwortete, dass ich oft bete, besonders wenn es mir schlecht gehe, und dass ich mich danach stark fühle. Es gefiel ihnen sehr, dass ich gläubig bin. Ich war zum ersten Mal bei einer muslimischen Familie, für mich eine gute Gelegenheit, mehr über den Islam zu erfahren. Sie erklärten mir auch, dass die großen Fastentage Ramadan schon begonnen hatten, und wir deshalb erst nach Sonnenuntergang mit dem Essen beginnen durften. Sie bedankten sich bei Allah für das Essen, während ich den hinduistischen Göttern dankte.

Ich war überwältigt von der Gastfreundschaft und dem Interesse an mir und meinem Leben und der Zuneigung, die mir entgegengebracht wurde. Seit diesem Abend war ich immer willkommen. Eines Tages erzählte mir meine afghanische Mama, dass sie sich immer schon einen zweiten Sohn gewünscht und ihn jetzt in mir gefunden habe. Von jetzt an sollte ich sie Mama nennen. Das ist bald fünfzehn Jahre her, und die afghanische Familie wurde »meine afghanische Familie«.

Alle meine Geburtstage habe ich mit der Familie gefeiert, und Mamajan kaufte immer eine Geburtstagstorte und viele Geschenke für mich: Bettwäsche, einen Schal für den Winter oder das rotkarierte Hemd von Ralph Lauren, das mein Lieblingshemd wurde.

Besonders schön finde ich die Weihnachtszeit bei der Familie. Die ganze Wohnung wird weihnachtlich dekoriert, überall gibt es Lichterketten und Tannenzweige, und auf den Fensterbänken stehen Weihnachtmänner. Die Fenster sind mit schneeweißen Sternen bemalt. Unter dem Tannenbaum liegen immer die Geschenke. Ein geflüchteter Junge aus Sri Lanka mit hinduistischem Glauben feiert Weihnachten mit einer afghanischen muslimischen Familie. Ein wunderbares Bild. Die muslimische Familie gibt mir die Liebe, die ich sonst von meiner eigenen hinduistischen Familie bekäme.

Ich war bei allen Familienfeiern, bei der Hochzeit meines afghanischen Cousins und auch bei der Trauerfeier für einen Onkel. Wir gingen alle zur Moschee und beteten, Frauen und Männer in getrennten Räumen. Mein afghanischer Bruder auf der einen und ich auf der anderen Seite, so standen wir unserem afghanischen Vater bei und gaben ihm das Gefühl, nicht allein zu sein.

Wenn ich in meinem Studium Erfolge zu feiern hatte, wurde bei meiner afghanischen Familie gefeiert. Ich wurde mit Freude empfangen, und ich genoss es wie ein Kind bei der Geburtstagsfeier. Eine Familie, ein Zufluchtsort, nach dem ich mich immer gesehnt habe.

Meine Eltern auf Sri Lanka sind alleine, ohne ihre Kinder. Aber sie haben sich der Kinder der Nachbarn angenommen, deren Mutter, weil sie aus finanzieller Not ihre Kinder nicht ernähren konnte, Selbstmord begangen hatte. Meine Mutter hat die Ausbildung des ältesten Jungen übernommen, und die älteste Tochter verbringt die meiste Zeit bei meiner Mutter zu Hause. Es ist ein Geben und Nehmen. Meine eigene Mutter gibt die Mutterliebe an die Kinder der Nachbarn weiter, und ich bekomme sie von meiner afghanischen Mama.

Jedes Jahr stand ich am Muttertag mit einem Rosenstrauß unangemeldet vor ihrer Haustür, oder ich organisierte, dass jemand einen Rosenstrauß vorbeibrachte. Meine Mamajan liebt rosafarbene Rosen.

Der Freitagabend war unser heiliger Familientag, an dem sich alle zum Abendessen trafen. Wenn ich nicht rechtzeitig kam, erhielt ich jedes Mal einen Anruf, wo ich stecke.

Wir bilden so eine Art multikulturelle Gemeinschaft, in der man sich bei unterschiedlicher Herkunft und Religion mit viel Toleranz und Wohlwollen begegnet. Die hinduistische und die islamische Religionen geben uns inneren Halt.

Ein Vorbild an religiöser Toleranz ist mein Oberarzt, der seinen islamischen Glauben praktiziert und vor jeder Operation betet, dass die Operation gut verläuft. Er betet für jeden seiner Patienten, unabhängig davon, ob er Christ, Hindu, Muslim oder Jude ist. Religiöser Fanatismus sollte der Vergangenheit angehören.

Unsere gemeinsame Sprache ist deutsch. Für Flüchtlinge und Zuwanderer ist es sehr wichtig, möglichst schnell die deutsche Sprache zu lernen. Nur so kann auch eine Ausbildung stattfinden, die Voraussetzung ist für einen wirtschaftlichen Aufstieg und eine Integration in die deutsche Gesellschaft. Menschen, die nach Deutschland kommen, müssen sich auch mit der bestehenden Rechtsordnung vertraut machen, vor allem, wenn ihnen in ihrem Herkunftsland Demokratie, Rechtsstaat oder die Gleichberechtigung von Mann und Frau fremd sind.

Als eine Fehlentwicklung habe ich es in London angesehen, wenn ein Tamile dort nicht die englische Sprache lernt, im

Krankheitsfall einen tamilischen Arzt aufsucht, seinen Führerschein auf Tamil macht, einen tamilischen Anwalt konsultiert und den Einkauf auf Tamil erledigt. Durch Parallelgesellschaften werden die Integration und der Aufstieg in der neuen Gesellschaft unmöglich gemacht. Wer Deutsch lernt und die deutsche Kultur annimmt, muss seine angestammte Kultur und Religion nicht vergessen. Mit ihrer Kultur und Vielfalt können die Zugewanderten sogar unsere Gesellschaft bereichern.

Ein abschreckendes Beispiel für das Verhalten schlecht integrierter Jugendlicher habe ich bei einer nächtlichen Begegnung in der U-Bahn erlebt. Ich war auf dem Weg von meinem Job als Tellerwäscher nach Hause. Ich sah, wie eine Gruppe von Jugendlichen osteuropäischer Herkunft, vermutlich Russlanddeutsche, zwei deutsche Jugendliche aus dem Waggon drängten, sie hinterher bespuckten und mit den Worten »Scheiß Deutsche« beschimpften. Auf meine Frage, woher sie kämen, zeigten die Jugendlichen tatsächlich ihre deutschen Ausweise. Ich frage mich, warum Menschen hierher kommen, wenn sie uns als »Scheiß Deutsche« beschimpfen und unser Land Scheiße finden? Solches Verhalten fördert Vorurteile gegen Zuwanderer und erschwert das Zusammenleben.

Die Sendung mit Sridevi ging zum Ende. Angefangen hatte sie ihren Tanzauftritt in einem Sari und beendet ihn in engen Jeans, T-Shirt und Cap. Ein wunderschöner Fernsehabend nach dem wöchentlichen Freitagabendessen mit der Familie. Papajan wechselte den Fernsehsender. Meine Aufmerksamkeit wurde größer, als eine Sendung zum Thema homosexuelle Ehe lief. Plötzlich rief er laut: »Weg den Scheiß, kranke Leute, die Schwulen.« Ich war entsetzt, überspielte aber meine Gefühle und lachte mit. Auf keinen Fall wollte ich meine andere Seite preisgeben, denn die Liebe, die ich von dieser Familie bekam, war wichtig für mich. Es war bereits Mitternacht. Um die letzte U-Bahn nicht zu verpassen, musste ich los. Ich umarmte alle und Papajan brachte mich wie immer bis zum Fahrstuhl und blieb so lange am Fenster stehen, bis er mich auf der Straße sehen konnte. Bevor ich aus seinem Blickfeld verschwand, schaute ich nach oben und sagte: »Gute Nacht, Papajan.«

Spucke auf meinem Gesicht

Haben Sie Lust auf Ballett?«, las ich auf meinem Diensthandy, während ich mich mitten in einem Aufklärungsgespräch auf der Kinderstation befand. Ich freute mich, wieder einmal ein Ballett von John Neumeier sehen zu können. Jetzt musste ich meine Freude erstmal beherrschen, schob das Diensthandy in meine Kitteltasche und konzentrierte mich auf die Eltern, die verzweifelt vor mir saßen. Sie informierten sich über die Operation ihres Kindes, die für den nächsten Tag geplant war. Ihre Ängste und Befürchtungen waren nicht zu übersehen.

Bei dem Kind war ein Ventrikelseptumdefekt festgestellt worden, ein Loch zwischen der rechten und der linken Herzkammer. Bei manchen Kindern, die mit diesem Defekt zur Welt kommen, schließt sich im Verlauf der Entwicklung das Loch. Bei diesem Kind war das leider nicht der Fall. So gelangt während jeder Pumpphase das sauerstoffreiche Blut statt in den Körperkreislauf wieder in die rechte Herzkammer und belastet mit dem zusätzlichen Volumen das rechte Herz. Das kann zu einer Herzschwäche führen, die sich im Alltag durch verringerte körperliche Belastbarkeit äußert.

Es ist für die Eltern nicht einfach, eine Entscheidung zu treffen. Als Arzt in der Kinderherzchirurgie habe ich die Aufgabe, möglichst umfassend über das Krankheitsbild und die Operation zu informieren und über die damit verbundenen Risiken und Komplikationen aufzuklären. Bei Erwachsenen beansprucht eine Operationsaufklärung meist nicht viel Zeit, und die Fragen werden offen diskutiert. Handelt es sich aber um ein Kind, bei dem die besorgten Eltern für ihr Kind die Unterschrift unter den Aufklärungsbogen setzen müssen, kann ein Gespräch häufig über eine Stunde dauern. Es geht darum, die Ängste der Eltern zu verringern und sie zu beruhigen. Es geht um das Vertrauen der Eltern, die das Leben des Kindes in unsere Hände geben.

Die Eltern waren, wie die meisten Patienten heutzutage, bereits über das Internet vorinformiert und stellten am Ende nur noch wenige Fragen. Ich notierte ihre Telefonnummer auf dem Aufklärungsbogen, denn nach jeder Operation werden die Eltern vom Operateur sofort über den Verlauf informiert. Am Ende unterschrieben die Eltern den Aufklärungsbogen.

Als ich die Kinderstation verlassen konnte, hatte ich noch knapp eine Stunde Zeit bis zum Beginn des Balletts. Ich schickte meinem Chef eine SMS: »Ja gern, treffen wir uns um 19.15 Uhr im Foyer?«, und ging direkt zum Arztzimmer der Station H5B, um meine Tasche zu holen. Auf dem Weg zum Ausgang fragte der Pfleger Alex, ob etwas Besonderes los sei, weil ich so strahle. »Ich habe Feierabend und gehe ins Ballett«, sagte ich mit einer Umdrehung um meine eigene Achse und ging weiter.

Ich befestigte meine Aktentasche auf dem Gepäckträger meiner Gazelle, entsicherte das Schloss und radelte los. Ein wunderbarer Sommerabend. Auf der Fahrt entlang der Alster wehte mir der Wind ins Gesicht. Mein Weg zur Klinik ist traumhaft schön. Die tägliche Fahrt mit dem Fahrrad dauert jeweils zwanzig Minuten, entspricht also vierzig Minuten Sport am Tag, gut für meine Gesundheit. Auf dem Nachhauseweg sehe ich im Sommer die Menschen auf der Alsterwiese liegen oder grillen, Fußball spielen oder auch eine Runde um die Alster joggen. Ein Anblick, der bei mir immer wieder ein Glücksgefühl und Freude und Dankbarkeit darüber hervorruft, hier zu Hause zu sein.

Ich radelte weiter in meinen Stadtteil St. Georg, vorbei am Hotel Atlantic, und überlegte dabei, was ich am Abend anziehen sollte. Immerhin ging ich mit meinem Chef in die Hamburger Staatsoper. Und sicherlich saßen wir wie immer in der ersten Reihe auf den Plätzen elf und zwölf.

Karin Desmarowitz

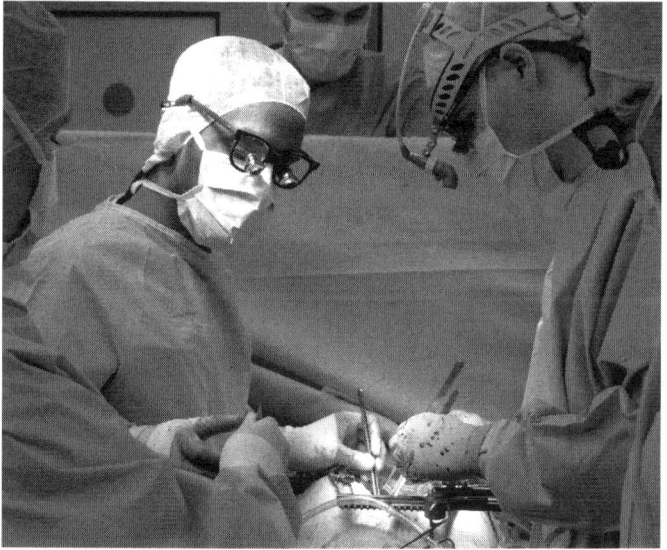

In meinem ersten Jahr als Arzt
und bei meiner ersten Herz-OP

Ich entschied mich für den feinen dunkelblauen Cordanzug von Drykorn und ein weißes Hemd mit der braunen Cord-Fliege, dazu einen braunen Gürtel und die englischen Lederschuhe, die ich auf einem Londoner Flohmarkt für siebzig Pfund erstanden hatte. Meine goldene Armbanduhr mit braunem Lederarmband von Junghans passte perfekt zum Outfit. Die Uhr, ein Weihnachtsgeschenk von Hendrik, ist eine bleibende Erinnerung. Ich lernte Hendrik auf der blauen Seite kennen, eine Art soziales Netzwerk für Männer, die Männer lieben.

Ich war in einer Freitagnacht mit meinen Freunden bei Mis-Shapes Party »schwul. lesbisch. scheißegal« im Bunker in der Feldstraße. Anschließend waren wir wie üblich in die Wunder-Bar in der Talstraße, nahe der Reeperbahn, gegangen, wo wir die frühen Morgenstunden verbrachten. Ich hatte die ganze Nacht reichlich getanzt und viele Bekannte aus der Hamburger Schwulenszene getroffen, dann für ein Fischbrötchen noch einen Gang zum Fischmarkt gemacht und war gegen sieben Uhr morgens zu Hause in St. Georg angekommen. Eigentlich wollte ich nur noch ins Bett, doch aus Neugier und Sorge, ich könnte einen Typen verpassen, ging ich ins Internet auf die blaue Seite und loggte mich mit meinem Profilnamen Mogli ein.

Ein Profil ohne Bild, 22 Jahre jung, 179 cm groß und 75 kg schwer, blond und Europäer, weckte meine Neugier, und ich klickte auf das Profil.

Mogli: Moin Moin

HH22: Hey

Mogli: Noch wach oder eben wach geworden?

HH22: Eben wach und bei dir?

Mogli: Ich war auf der Piste. Neugierig, wie DU aussiehst

HH22: Ich bin ungeoutet, könnte skypen ... wenn DU willst?

Mogli: Cool, adde mich mal Umes ...

Keine zwei Minuten später sah ich auf dem Bildschirm meines Laptops einen wunderschönen jungen Mann mit blonden

Locken und leuchtend blauen Augen, zarten Wangen und rosigen Lippen. Es war nicht die sexuelle Erregung am frühen Morgen, die mich elektrisierte, als ich den jungen Mann auf dem Bildschirm sah. Es war seine Schönheit. Meine Müdigkeit war wie weggewischt, ich war hellwach. Ich fühlte nur noch das Verlangen, ihm zu begegnen. Wir unterhielten uns über alles Mögliche, über Familie und Kultur, und natürlich über unseren Alltag. Es war bereits neun Uhr geworden, und Hendriks geplante Fahrt nach Vechta zu einer Familienfeier beendete das Gespräch. Am Schluss konnte ich ihm noch sagen, dass ich ihn sehr mag und er mich nicht lange warten lassen solle. Seine Nummer wollte er nicht preisgeben, notierte sich aber meine Nummer. Dann verabschiedeten wir uns.

Etwa sechsunddreißig Stunden später bekam ich am Sonntagabend eine Nachricht von Hendrik mit der Frage, ob ich am Montag Zeit und Lust hätte, mich mit ihm zu treffen. Eine Verabredung während der Woche ist schwierig für mich, da ich nie im Voraus weiß, wann ich tatsächlich Feierabend habe. Feierabend hat ein Assistenzarzt erst dann, wenn alle Arbeit erledigt ist. Warten lassen wollte ich Hendrik beim ersten Date auch nicht. Ich fragte ihn, ob wir uns zum Kumpir-Essen gegen 19 Uhr am Bahnhof Altona treffen könnten. Zum Glück konnte ich um 18 Uhr die Klinik verlassen und schaffte es noch nach Hause, um mich für mein Date umzuziehen. Noch zwanzig Minuten bis zum Treffen. Ich saß bereits in der S-Bahn Richtung Altona. Aussteigen am Gleis drei und dann die Treppe hoch. Oben wartete Hendrik schon auf mich. Wir gingen direkt zum Kumpirladen, setzten uns nach draußen und aßen beide Kumpir, eine Ofenkartoffel, gefüllt mit diversem Gemüse und Hähnchenfleisch und dazu passender Soße. Nach dem Essen machten wir einen langen Spaziergang an der Elbe. Immer wieder setzten wir uns ans Ufer und schauten auf die vorbeifahrenden Schiffe. Natürlich konnten wir kaum die Augen voneinander lassen, wie frisch verknallte Jungs. Unser Spaziergang ging über den Fischmarkt, die Landungsbrücken und das Portugiesenviertel bis zur Treppe zwischen dem Hamburger Michel und dem Verlagsgebäude von Gruner und Jahr.

Wie saßen auf den Treppenstufen und beobachteten die Spaziergänger und die Radfahrer und genossen den frischen Wind, der von der Elbe heraufwehte. Mitten in unserer Unterhaltung schaute ich Hendrik an und sagte: »Weißt du, wie gern ich dich küssen möchte?« Hendrik sagte: »Mach doch.« »In der Öffentlichkeit?«, fragte ich ihn leise, »Hier sind ja Leute, die uns sehen können.« »Na und?«, sagte er und schaute mir mindestens so tief in die Augen wie ich in seine.

Obwohl mein Verlangen, Hendrik zu küssen, groß war, hatte ich immer noch Bedenken wegen der Leute um uns herum: »Aber ...« Ich konnte den Satz nicht zu Ende bringen, denn ich spürte plötzlich seine Lippen, weich und zart. Für mich war es der erste Kuss in der Öffentlichkeit, noch dazu am hellichten Tag. Ich hätte mir niemals vorstellen können, einen Mann öffentlich zu küssen. Es interessierte keinen Menschen um uns herum. Niemand widmete uns einen Blick oder seine Aufmerksamkeit. Anscheinend nahm niemand Anstoß daran, dass zwei Männer sich küssen.

Weitere aufregende Tage mit Hendrik folgten. Eines Nachts bekam er einen Anruf von einem Mädchen. Er ging mit dem Telefon ins Bad und redete dort lange mit ihr. Er gestand mir, dass ich sein erster Freund sei. Bis zum Tag unseres ersten Kusses sei er mit einem Mädchen zusammen gewesen. Sie habe jetzt Liebeskummer. Das tat mir sehr leid. Ich fühlte mich schlecht und hatte Gewissensbisse. Ich sagte Hendrik, er müsse sich unbedingt um das Mädchen kümmern.

Unsere glückliche Beziehung hielt schon einige Monate an. Für Hendrik schien es wichtig, seinen Eltern von seinem neuen Leben zu erzählen. Ich hatte Angst vor den Folgen seines Geständnisses, weil ich ahnte, dass der Vater die Homosexualität seines Sohnes nicht akzeptieren würde, und auch nicht die Tatsache, dass der Sohn mit einem dunkelhäutigen Mann zusammen war. Hendriks Schwester hatte sich schon früher anhören müssen: »Komm ja nicht mit einem Kanaken nach Hause, dann kannst du gleich wegbleiben.«

Hendrik lud seine Eltern in seine Wohngemeinschaft ein und kochte für sie. Während des Essens wurde er immer stiller, bis er dann endlich seinen Eltern gestand, dass er eine Beziehung mit einem Mann habe. Dem Vater fiel die Gabel in den Teller, die Mutter war sprachlos. Es herrschte Totenstille. Minuten später fragte der Vater: »Ist er Ausländer?« Natürlich war ich für die Eltern ein Ausländer, es wäre für sie eine Lüge gewesen, wenn Hendrik – juristisch korrekt – Deutscher gesagt hätte. Die Mutter stellte keine einzige Frage. Die Eltern waren zu schockiert, um das Essen zu Ende zu bringen. Wortlos standen sie auf und verließen die Wohnung. Keine Umarmung für Hendrik, ein trauriger, bedrückender Abschied.

Einige Tage später war die Mutter doch neugierig auf mich und wollte von Hendrik wissen, was ich mache und wie ich aussehe. Von seinem Vater hörte er nichts, der wollte die Tatsache, dass sein Sohn schwul ist, einfach ignorieren.

Es war schön, einen Partner zu haben, auf den ich mich nach der Arbeit freuen konnte. Besonders gefiel uns das gemeinsame Kochen. Mal gab es Spagetti, mal eine Kürbissuppe. Hendrik stand meist mit seinem MacBook Air in der Küche und hatte die Seite kochbuch.de auf dem Monitor. Eine moderne Art zu kochen, wenn keiner da ist, der einem das Kochen beibringt. Wenn er seine Prüfungsphase an der Uni hatte, stand ich in der Küche und kümmerte mich ums Essen, ganz ohne kochbuch.de.

Ich wünschte mir sehr, eines Tages gemeinsam mit Hendriks Familie an einem Tisch beim Abendessen zu sitzen. Ich träumte davon, Weihnachten mit meinem Freund und seiner Familie zu feiern. Und auch davon, dass mich die Eltern meines Freundes als Schwiegersohn akzeptieren.

Da wir beide wussten, dass wir Weihnachten nicht zusammen verbringen konnten, trug ich mich freiwillig für die Nachtdienste über Weihnachten ein. Ich bastelte für Hendrik einen Adventskalender. Meine Freunde hätten so etwas niemals für möglich gehalten. Für jeden Tag packte ich eine Kleinigkeit ein, mal war es ein Kinogutschein, ein anderes Mal ein Gutschein für einen Döner am Steindamm. Für den 24. Dezember überraschte ich ihn mit einer Reise nach London.

Der Nachtdienst am 24. Dezember 2012 hatte begonnen, ich versuchte, möglichst viele Patienten zu sehen, und wünschte ihnen allen fröhliche Weihnachten. Draußen lag, wie an den meisten Wintertagen in Hamburg, kein Schnee. Auf jeder Station gab es jede Menge Süßigkeiten und den alljährlichen Weihnachtsstreuselkuchen aus München von unserem Chef. Während des Nachtdienstes ist die Anwesenheit auf der Monitorstation Pflicht, und so bereitete ich mir dort kurz nach Mitternacht meine Liege zum Ausruhen vor, mit meinem Diensthandy am Kopfende. Minuten später klopfte es an der Tür. Ich rechnete mit einer Notfallsituation und öffnete schnell. Schwester Zorica stand lächelnd vor mir. »Sie haben Besuch.« Besuch? Wer? Jetzt? Da kam tatsächlich Hendrik um die Ecke. Es war wie im Traum. Die Schwester ließ uns allein, und Hendrik kam ins Zimmer und küsste mich. »Fröhliche Weihnachten, Schatz«, und drückte mir ein Geschenk in die Hand. Was für eine gelungene Überraschung. Er hatte sich um Mitternacht, ohne seinen Eltern Bescheid zu sagen, aus dem Dorf in Niedersachsen nach Hamburg aufgemacht. Das Geschenk war eine goldene Armbanduhr von Junghans mit braunem Lederarmband, auf die ich schon lange ein Auge geworfen hatte. Ich wollte mich für die Fertigstellung meiner Doktorarbeit damit belohnen.

Die Liebe, die ich von Hendrik bekam, war unbeschreiblich schön. Umso schmerzhafter war es, als er sich unerwartet von mir trennte. Er war noch so jung, wollte nichts verpassen und mehr Erfahrungen mit anderen Männern machen.

Die Armbanduhr ging mehrmals kaputt, doch aufgeben wollte ich die schöne Erinnerung an die wunderbare Zeit nicht. Ich ließ sie immer wieder reparieren. Etwas wegzuwerfen, das im Prinzip gut funktioniert, nur weil ein Teil nicht mehr in Ordnung ist, finde ich zu schade.

Es war jetzt 18.30 Uhr, ich war zu Hause angekommen, stellte mein Fahrrad vor der St.-Georgs-Kirche ab und lief im Eiltempo die Treppen zu meiner Wohnung hoch. Rasch zog ich mich aus und sprang unter die Dusche. Dabei überlegte ich, ob ich genügend Bargeld dabei hatte, denn es ist schon Tradition, dass mein Chef die Karten besorgt und ich uns in der Pause mit Cola light und Brezeln versorge. Die Brezeln sind natürlich nicht zu vergleichen mit denen aus München oder Rosenheim. Sie schmecken so wie ein Franzbötchen von einem Münchner Bäcker.

Meine Anziehsachen warf ich auf das indische Bett in meinem Zimmer und holte schnell aus dem Kämmerchen neben dem Bad das Bügelbrett, das mein Kollege Samir am Straßenrand in Eppendorf für mich gefunden und mit einem frischen Überzug benutzbar gemacht hatte. Die Zeit war knapp, ich bügelte also nur die Vorderseite meines Hemdes, die Manschetten und den Kragen, alles andere verschwand unter dem Jackett.

Ich durfte auf keinen Fall zu spät kommen und meinen Chef warten lassen. Pünktlichkeit ist etwas, was ich in Deutschland gelernt und auch schätzen gelernt habe. Mein Mitbewohner Berndi sagt immer, wer unpünktlich ist, erlaubt sich, die Zeit des anderen zu vergeuden.

Fertig angezogen stand ich für eine letzte Kontrolle vor dem goldenen Spiegel im Schlafzimmer. Der war ein Weihnachtsgeschenk meiner afghanischen Mutter im Jahr 2004, als ich noch in Lübeck studierte. Wäre Berndi zu Hause gewesen, hätte ich sicherlich die übliche Frage gestellt: »Kann ich so raus?« Jetzt war es bereits 19 Uhr, aber mit meiner Gazelle konnte ich es pünktlich schaffen. Auf dem Weg noch schnell bei der Bank vorbei. Nichts ist peinlicher, als kein Geld dabei zu haben.

Pünktlich um 19.15 Uhr stand ich im Foyer der Hamburger Staatsoper und beobachtete das Publikum. Viele Gesichter kannte ich schon, schließlich hat John Neumeier eine große treue Fangemeinde: Damen mit Perlenketten aus der feinen Hamburger Gesellschaft, aber auch junge Künstler und Jugendliche, für die es günstige Tickets gibt, und schöne Männerpaare, wie ich sie auf keiner Hamburger Gay-Party bisher gesehen hatte. Alle wollten Neumeiers Inszenierung von Thomas Manns Novelle »Tod in Venedig« sehen. Es geht um die Liebe eines Mannes zu einem Jüngling.

Das Thema ist für die Besucher der Staatsoper kein Tabu mehr. Aber nur wenige Kilometer entfernt, wo ich die ersten Jahre in Hamburg lebte, gilt Schwulsein immer noch als abstoßend und verwerflich. Das habe ich selbst bitter erfahren müssen. Ich muss damals in der neunten Klasse gewesen sein, 16 Jahre alt, und ich ahnte noch nicht, dass es tatsächlich Liebe zwischen zwei Männern geben kann. Meine Tante sagte mir mal, als ich noch ganz neu in Deutschland war, auf dem Nachhauseweg von einem tamilischen Familienbesuch, dass in Deutschland manche Menschen verrückt seien und sich manchmal zwei Männer lieben. Ich hörte mir das an, fühlte mich persönlich aber gar nicht angesprochen.

Im Stadtteil Mümmelmannsberg gibt es die Straße »Kleine Holl«, nicht weit entfernt von der Gesamtschule und der Wohnung meines Onkels, wo ich lebte. Dort gab es einen Spielplatz, wo die Mütter ihre Nachmittage oder an den Wochenenden den ganzen Tag mit ihren Kleinkindern verbrachten. Neben dem Spielplatz gab es für die Jugendlichen einen Platz mit einem Basketballkorb und zwei Sitzbänken für Zuschauer. Ich konnte mit diesem Sport gar nichts anfangen, aber ich saß öfter auf der Bank und schaute den Jungs beim Spielen zu.

Ich war bereits drei Jahre in Deutschland und konnte noch nicht so gut Deutsch wie meine Mitschüler. Es fiel mir schon immer schwer, eine fremde Sprache zu lernen. Bis heute habe ich die Schläge im Englischunterricht auf Sri Lanka nicht vergessen, weil ich die englischen Texte nicht lesen konnte. Wer die Sprache des Landes nicht beherrscht, hat auch Schwierigkeiten, Freunde zu gewinnen. Ich hatte damals kaum Freunde, denn wie sollte ich mich mit den Schulkameraden verabreden, wenn ich mich nicht mit ihnen verständigen konnte. Oft waren es meine Klassenkameraden, die mir zur Seite standen und Fragen für mich beantworteten. In dieser Zeit hatte ich einen Freund namens Abona. Dass er aus Ghana kam, verband uns besonders, da ich während meiner Flucht monatelang in Ghana ausharren musste, bis die Schlepper endlich eine Möglichkeit gefunden hatten, mich und die anderen tamilischen Flüchtlinge nach Deutschland zu bringen. Er war ein sympathischer Typ, der häufig darüber klagte, dass er sich in Deutschland nicht wohl fühle, und er als Schwarzer in London oder in New York vermutlich besser leben könne. Soweit ich weiß, lebt er heute noch in Deutschland, ohne das Land je verlassen zu haben.

Oft saß ich nach der Schule auf der Bank am Basketballplatz, während Abona Basketball mit den Jungs spielte. Ich schaute besonders einem Jungen zu, der etwas jünger war als ich und einen Kopf größer, mit blonden Haaren und wunderschönen blauen Augen. Er hieß Martin. Ein komisches Gefühl stieg in mir auf, jedes Mal, wenn ich ihn auf dem Basketballplatz sah. Wenn ich abends im Bett lag, hatte ich das Bild seiner blonden Haare und leuchtenden blauen Augen vor mir.

Ich versuchte alles, um ihn täglich zu sehen, und verbrachte meine Freizeit zwischen Kleinem Holl mit dem Basketballplatz und dem Mühlenbach, wo er mit seinen Eltern wohnte. Ich hatte immer Hemmungen, ein lockeres Gespräch mit ihm anzufangen. Ich versuchte, ihn nach dem Spiel auf dem Weg zum Mühlenbach zu begleiten, und freute mich, wenn wir ins Gespräch kamen. Ich erinnere mich noch gut, dass wir uns über unsere Zukunftspläne unterhielten und er mir sagte, dass er Hotelmanager werden möchte. Es kam ihm sicherlich seltsam vor, dass ich ihn regelmäßig vom Basketballplatz nach Hause begleitete. Am liebsten hätte ich ihm jedes Mal gesagt, dass ich ihn mag und glücklich bin, in seiner Nähe zu sein. Dass es mein Traum war, ihn eines Tages umarmen zu dürfen.

Ich hatte keine Freunde, mit denen ich über meine Gefühle für Martin hätte reden können. In der Schule wurde nicht darüber gesprochen, ob es normal war, dass ein Junge den Wunsch hatte, einem anderen Jungen nah zu sein. Aber ich musste etwas tun und beschloss, einen Brief an Martin zu schreiben, in dem ich ihm alles das sagen wollte, was ich mir bisher nicht getraut hatte.

Mein Onkel besaß einen Computer, und eines Abends, als ich allein zu Hause war, Onkel und Tante waren mit den Kindern zu Besuch bei einer tamilischen Familie, schrieb ich auf dem Computer einen Brief an Martin. Es wurde ein Liebesbrief. Ich nahm ihn mit zum Kleinen Holl, aber erst nach einigen Tagen traute ich mich, Martin nach dem Spiel auf dem Weg nach Hause den Brief in die Hand zu drücken. Schnell war ich verschwunden, denn ich hatte Angst vor seiner Reaktion.

Ich hätte wissen müssen, dass ich ihm den Liebesbrief nicht hätte geben dürfen. Aber wenn ich es nicht getan hätte, wäre mein Kopf irgendwie geplatzt. Der Wunsch, Martin meine Gefühle zu offenbaren, war so groß, dass ich mir keine Gedanken über die Folgen machte.

Am nächsten Tag, zitternd am ganzen Körper, ging ich nach der Schule wie üblich zum Basketballplatz. Ob Martin noch mit mir reden oder ob er mich wegen des Briefs vor den anderen bloßstellen würde? Ich sah ihn bereits von Weitem spielen und nährte mich den Bänken. Da hörte ich schon: »Da kommt die Schwuchtel.« Mir war sofort klar, dass es sich um mich handelte.

Ich ging trotzdem weiter auf den Basketballplatz zu. Mein Freund aus Ghana kam mir entgegen. Er blieb vor mir stehen und fragte mich, ob ich einen Liebesbrief an Martin geschrieben hätte und ob ich schwul sei. Und ergänzte die Frage mit dem Spruch: »So was Ekliges geht gar nicht!«

Ich hatte gehofft, er würde mich verstehen. Er drehte sich abrupt um und ging zu den anderen auf dem Platz und lachte gemeinsam mit ihnen. Immer wieder fiel das Wort »Schwuchtel«. Martin zeigte den Brief allen Jungs, und sie lasen ihn laut vor. Von da an war ich nicht mehr Umes, sondern »die Schwuchtel«.

Ich war verzweifelt, wusste nicht, was ich tun sollte. Sollte ich sagen, dass der Brief nicht von mir stamme. Da er mit dem Computer geschrieben war, ohne Unterschrift, hätte ich es versuchen können. Aber da in jedem Satz mindestens drei Grammatikfehler und reichlich Rechtschreibfehler waren, hätten die anderen ohne Zweifel gemerkt, dass der Brief von mir stammte. In den folgenden Tagen ging ich nach der Schule direkt nach Hause. Ich traute mich gar nicht mehr auf die Straße, aus Angst, von den Jungs als »Schwuchtel« beschimpft zu werden.

Ich verließ das Haus nur noch, um meiner Tante beim Einkaufen zu helfen. Wenn ich traurig war und allein sein wollte, ging ich in den elften Stock unseres Hauses und betrachtete die Passanten von oben. Ich nahm das Treppenhaus, und bei jeder Stufe dachte ich, dass mich jetzt alle hassen und niemand mit mir befreundet sein möchte, weil ich schwul bin. Ich fühlte mich so schwach, und meine Beine wurden immer schwerer, je höher ich kam. Das war ungewöhnlich für mich als Marathonläufer.

Als ich im elften Stock stand, fühlte ich mich genauso elend und verzweifelt wie damals, als ich von der Behörde den Abschiebebrief bekam, dass ich binnen 30 Tagen die Bundesrepublik Deutschland verlassen müsse. Ich stand wieder allein ganz oben, hielt das Metallgeländer umklammert und wäre am liebsten runtergesprungen. Nur der Gedanke an meine Mutter, die viel Kraft und Liebe aufbringen musste, um mich aus dem Krieg herauszubringen, hielt mich von einem Sprung ab.

In der Schule suchte ich in den folgenden Tagen nach jemandem, mit dem ich über mich und den Liebesbrief sprechen konnte. Wenn es bei meinem Onkel zu laut war zum Lernen, verbrachte ich die Nachmittage in der Schulbibliothek, wo ich meine japanische Schulkameradin Toshi häufig sah. Sie bot mir an, dass ich sie auch treffen könne, wenn ich nicht allein sein wolle. Ich verabredete mich mit ihr. Das war das erste Mal, dass ich jemanden von zu Hause abholte. Hinter der Schule gab es ein kleines Gewässer, die Glinder Au, wo wir während unseres Sportunterrichts zum Laufen unterwegs waren und ich oft für den Marathon trainierte. Wir beide gingen dort spazieren, und ich wusste nicht, wie ich das Thema ansprechen sollte. Ich war besorgt, wie sie darauf reagieren würde. Es war ein verzweifelter innerer Kampf. Sollte ich dem Wunsch nachgeben und ihr alles erzählen oder besser schweigen. Plötzlich blieb sie stehen, drehte sich zu mir um, schaute mich an. »Umes, es ist egal, was du sagen möchtest, aber sag es mir bitte, ich werde es für mich behalten.«

Ich erzählte ihr alles, was passiert war. Sie machte große Augen und stand zunächst sprachlos da. Wir gingen ein Stück weiter, und dann sagte sie, dass es völlig in Ordnung sei, dass ich Jungs liebe, aber ich hätte mit dem Brief vorsichtiger sein sollen. Ich war so erleichtert, einen Menschen gefunden zu haben, mit dem ich über meine Gefühle reden konnte. Es war eine Befreiung.

Ich schrieb einen zweiten Brief an Martin, in dem ich ihm zu erklären versuchte, dass ich ihn mit meinem Brief nicht verletzen wollte. Ich nahm meinen ganzen Mut zusammen, ging zum Mühlenbach und wartete, bis er vom Basketball nach Hause kam. Ich stand dort allein und traute mich nicht mal aufzusehen. Im Vorbeigehen hörte ich ihn »dreckige Schwuchtel« sagen und spürte einen Tritt in die Beine. Ich spürte keine Schmerzen in den Beinen, der Schmerz im Herzen überwog alles. Das war das letzte Mal, dass ich Martin begegnet bin. Der zweite Brief an ihn liegt immer noch zusammen mit den Briefen meiner Eltern, die sie mir während des Bürgerkriegs geschrieben haben, in einem Schuhkarton.

Es ertönte bereits das zweite Klingeln in der Hamburger Staatsoper. Ich stand jetzt fast ganz allein im Foyer im Untergeschoss, die letzten Besucher gingen zügig in den Saal.

Ich musste lächeln, als ich meinen Chef mit den beiden Karten in der Hand kommen sah. Es ist immer besser, wenn der Chef zu spät kommt, nicht der Assistenzarzt. In der Klinik dürften wir uns nicht erlauben, zu spät zu kommen, aber jetzt war Freizeit angesagt. Es gibt eine klare Trennung zwischen dem Privatleben und der Klinik. Chef ist Professor Reichenspurner in

Mit Freunden beim Christopher Street Day in Hamburg, 2015

der Klinik, väterlicher Freund im Privatleben. Als Chef erlebe ich ihn als eine autoritäre, strenge Persönlichkeit mit einem freundlichen Charme, in der Freizeit ist er ein Mann, der viel lacht und fröhlich ist.

Nur noch zwei Minuten bis zum Beginn des Balletts. Der Chef führte das letzte Gespräch mit dem diensthabenden Oberarzt und informierte sich über das Geschehen in der Klinik.

Auf dem Weg zu unseren Plätzen gab er mir noch eine schnelle Einführung in das Stück und die Musik. Ein weltbekannter Herzchirurg, der auch kulturell hochgebildet ist. Wir saßen in der ersten Reihe, auf den Plätzen elf und zwölf. Auf dem Weg begrüßte mein Chef noch einige Leute. Die meisten seiner Bekannten hatten mich schon öfter in der Staatsoper gesehen und wußten, wer ich bin.

Das Stück begann: Ein Ballettinszenierung, die das Tabuthema auf der Bühne präsentierte, auf intellektuell höchstem Niveau. John Neumeier war es gelungen, die Emotionen der Handelnden mit seinen schmettelingsartigen, frei fliegenden Tänzerinnen und den wunderschönen, kraftvollen Tänzern so auf die Bühne zu bringen, dass ich das Gefühl hatte, nicht zuzusehen, sondern dabei zu sein.

Der junge Tadzio war der Auslöser dafür, dass Aschenbach mit seiner anderen Seite konfrontiert wurde. Für mich war es wohl Martin, der mich meine andere Seite entdecken ließ. Ein »falscher Junge«, von manchen »Schwuchtel« genannt, will nichts anderes, als ohne Diskriminierung leben. Damals, nach der Liebesbrief-Erfahrung, wollte ich mich nicht mehr offenbaren, wollte kein »falscher Junge« sein. Das änderte sich wenige Monate später, nach einer Begegnung mit einem Jungen in meiner Schule.

René spielte Fußball im Sportverein unseres Stadtteils. Er war ein schöner Junge. Ich verfolgte jedes Spiel live vor Ort, wenn er spielte. Immer hatte ich das Bedürfnis, ihn nicht aus den Augen zu verlieren. Dieses Verlangen verführte mich zum ersten Mal im

Leben zum Klauen. Ich weiß nicht, wie oft ich in der Mensa meiner Schule stand, um sein Bild in der Vitrine zu betrachten. Die Schüler seines Jahrgangs hatten eine Fotoausstellung mit ihren Porträts gemacht, die dort gezeigt wurde. Wenn wir eine Freistunde hatten, saßen wir meist in der Mensa. An einem Nachmittag war ich mit meinen Klassenkameradinnen Nadine und Karin dort und schwärmte von René und dem Foto. Die beiden Mädchen hatten sofort eine Idee. Jetzt sei meine Chance gekommen. Sie stellten sich an den Ein- und Ausgang der Mensa. Mein Wunsch, das Bild zu besitzen, und das Drängen der Mädchen ließen mich schnell handeln. Ich ging zur Vitrine, und Sekunden später hatte ich das Bild in der Hand, das ich schnell und sicher in meinem Matheheft versteckte. Ich saß bereits wieder am Tisch, während Nadine und Karin noch die Türen bewachten. Ich habe das Bild heute noch in meinem Zimmer hängen, neben den Bildern von meiner Familie und meinen Freunden.

Wenn mich in meinem Stadtteil Mitschüler oder Bekannte fragten, ob ich schwul sei, antwortete ich ohne zu zögern mit Nein. Das war mein einziger Schutz. Alles andere wäre gefährlich gewesen. Neben dem Elternhaus prägen vor allem die gesellschaftlichen und religiösen Normen unsere Einstellungen. Ich bin in einem Stadtteil mit einer bunten Gesellschaft aufgewachsen, wo neben Atheisten und Christen sehr viele Muslime leben. Ich glaube nicht, dass ich weniger gläubig bin als die anderen, die im Namen der Religion heutzutage noch schwule Männer vom Hochhaus stoßen. Ich hatte nach dem Liebesbrief an Martin kaum noch Freunde. Ein Kumpel, dessen Eltern aus Polen kamen, war mir noch geblieben. Mit ihm konnte ich über Gott und die Welt reden. Er schnitt mir sogar die Haare, damit ich kein Geld für den Friseur brauchte. Wir hatten eine enge Freundschaft, die leider nur sechs Monate dauerte. Von einem Tag auf den anderen bekam ich keinen Anruf mehr von ihm, und auch keine Antwort auf meine Nachrichten. Ich konnte mir überhaupt keinen Grund dafür vorstellen und war verzweifelt. Zwei Jahre später erfuhr ich, dass sein Cousin ihm den Umgang mit mir verboten hatte, und er sich zwischen der Freundschaft mit ihm und mir entscheiden musste. Er hatte Angst, dass seine Freunde und Cousins denken könnten, dass er auch ein schwuler Junge sei.

Alle diese Erlebnisse waren deprimierend, und ich war froh, dass sich in der Zwischenzeit eine Freundschaft mit meiner Klassenkameradin Jasmin entwickelt hatte. Sie war immer da, wenn ich Liebeskummer hatte, sie tröstete mich, wenn Freundschaften wegen meiner anderen Seite zerbrachen, und ich traurig war. Kein Junge wollte sich allein mit mir im Stadtteil sehen lassen, die meisten schämten sich mit mir in der Öffentlichkeit, weil sie fürchteten, selbst als Schwule angesehen zu werden.

Eines Abends hatte ich sturmfreie Bude, mein Onkel war mit seiner Familie ausgegangen. Ich lud eine Freundin und zwei Schulkameraden zu mir nach Hause ein, und wir tranken gemeinsam Tee. Am nächsten Tag wurde ich vor versammelter Mannschaft am Bahnhof Mümmelmannsberg von einem der Jungs, die bei mir zum Teetrinken waren, angesprochen. Ich solle den anderen bestätigen, dass er nicht allein mit mir in der Wohnung gewesen sei. Alle hatten Angst, als Schwule abgestempelt zu werden, denn niemand wollte etwas mit Schwulen zu tun haben. In solchen Situationen fühlte ich mich besonders einsam, denn ich hatte den Eindruck, der einzige schwule Junge in meinem Stadtteil zu sein. Die Folgen meines ersten Liebesbriefs waren schmerzhaft, aber auch abhärtend.

Neben meinem Wochenend-Job als Tellerwäscher verdiente ich noch etwas Geld mit Nachhilfe in Mathematik. Ich half einem Jungen aus der 6. Klasse, der sich die meiste Zeit mit Computerspielen und Fernsehen vertrieb. Den Job hatte mir meine Deutschlehrerin Frau Ninnemann vermittelt, da ich in Mathematik gut war. Meine Aufgabe war, seine Note in Mathematik zu verbessern und die Hausaufgaben mit ihm durchzuarbeiten. Einmal pro Woche zwei Stunden lang gab ich ihm, meine Ungeduld bekämpfend, geduldig Nachhilfeunterricht. Ständig vergaß er, die Hausaufgaben zu machen, und ich bemerkte seine Lustlosigkeit, was die Schulaufgaben betraf. Er versuchte, mit privaten Geschichten vom Lernen abzulenken, aber ich führte die Nachhilfe strikt durch. Damit kam er gar nicht klar.

Nach etwa drei Monaten teilte er mir mit, dass seine Mutter nicht mehr wolle, dass er von mir Nachhilfe bekomme. Er gab dafür keinen Grund an, aber von einem seiner Klassenkameraden erfuhr ich, dass die Mutter von meiner anderen Seite erfahren hatte und nun befürchtete, ich könnte aus ihrem Sohn einen schwulen Jungen machen. Ob es tatsächlich die Mutter war, die sich um ihren Sohn sorgte, oder der Junge, der versuchte, der Nachhilfe zu entkommen, weiß ich bis heute nicht. Ich wusste gar nicht, dass ich mit meiner anderen Seite so viele Ängste und Sorgen bei Eltern und Söhnen hervorrufen konnte. Einer der schönsten Momente war, als Renés Mutter mir bei der Schulweihnachtsfeier entgegenkam und liebevoll meine linke Wange streichelte und mich fragte, wie es mir gehe. Ob ihr damals klar war, dass ich heimlich in ihren Sohn verliebt war, habe ich nicht erfahren.

Während ich weiter gebannt den Tänzern zuschaute und der Musik lauschte, gingen meine Gedanken immer wieder zurück in die Vergangenheit. Das Schrecklichste, was einem Liebenden passieren kann, erlebte ich in der Nacht, als ich nach der Arbeit im Restaurant »Antikes« am Siemersplatz in Hamburg-Lokstedt mit der U3 Richtung Mümmelmannsberg fuhr. Erschöpft saß ich nach Mitternacht – noch in meiner schmutzigen Arbeitskleidung – in der letzten U-Bahn nach Hause. Vor der Arbeit im Restaurant »Antikes« hatte ich nachmittags schon in einem Privathaushalt zwei Stunden geputzt. In den zwei Stunden verdiente ich bei einem Banker so viel Geld wie für vier Stunden Tellerwaschen. Dafür musste ich mir ständig anhören, wie schön der Banker die srilankanischen Männer fand, und im Schlafzimmer herumliegende Kondompackungen und Gleitgeltuben von seinem Bett wegräumen, bevor ich die Wohnung gründlich putzen konnte. Auf dem Wohnzimmertisch lagen offen Bücher mit nackten kubanischen Männern, und während ich putzte, saß der Banker auf seiner Couch und vergnügte sich mit den Bildern, im Hintergrund lief die Musik von George Michael. Es waren schreckliche zwei Stunden, die mir monatlich 120 Euro einbrachten. Ich fühlte mich jedes Mal verkauft und sexuell belästigt, obwohl dieser Banker mich niemals berührte. Es waren seine Gesten und Sprüche, die mich bedrängten. Ich konnte mich in die Lage von tausenden Frauen hineinversetzen, die sich während ihrer Arbeit sexuell belästigt fühlen. Das Gefühl, schmutzig zu sein, nicht durch den Schweiß vom Putzen, sondern durch die indirekte sexuelle Belästigung. Ich hatte das Bedürfnis, ständig unter die Dusche springen zu müssen.

Nach dem Putzen begann mein Job im Restaurant. Jedes Mal das Zittern, ob ich nachts rechtzeitig aus der Küche rauskomme, um den letzten Bus zur U-Bahn-Station Hoheluftbrücke zu erreichen. Manchmal verpasste ich den letzten Bus, und dann war es eine Odyssee, mit dem Nachtbus von Hamburg-Nord nach Mümmelmannsberg zu kommen. Ich saß an diesem Samstag kurz nach Mitternacht in der Buslinie 5 Richtung Hoheluftbrücke und wollte nur noch duschen und ins Bett fallen.

Die letzte U3 Richtung Mümmelmannsberg kam pünktlich. Es gab kaum einen Sitzplatz, kein Wunder samstagnachts in einer Bahn nach St. Pauli. Die Eppendorfer und Winterhuder Jugend füllte die Waggons, bis an der Haltestelle St. Pauli fast alle hinausströmten. Ich schnappte mir einen Fensterplatz auf der rechten Seite in Fahrtrichtung, denn schließlich war ich in der Linie U3, die am Hafen entlangfährt. Kurz vor den Landungsbrücken nahm ich meine fettverschmierte Brille ab und säuberte sie mit meinem weißen Unterhemd, um den schönsten Blick auf den Hamburger Hafen, den man von der U-Bahn aus auf der Fahrt zwischen Landungsbrücken und Rödingsmarkt bekommt, ungetrübt genießen zu können. Der Hafen, die Schiffe und im Hintergrund die Leuchtschrift des Musicals König der Löwen.

Bis Legienstraße waren alle Fahrgäste aus meinem Wagen ausgestiegen. Nur noch vier Stationen bis Mümmelmannsberg. Ein langer Tag ging zu Ende. Die Bahn fuhr am Bahnhof Billstedt ein, ich sah bereits vom Weiten eine Gruppe Jugendlicher, darunter erkannte ich René mit seinen Freunden. Mein Herz begann rasend zu schlagen, und ich hoffte, dass die Clique nicht in meinen Wagen einsteigen würde. Nach über zehn Stunden Putzen und Tellerwaschen, mit noch dreckiger, stinkender Kleidung, die Haare durcheinander, das Gesicht mit Küchenfett verschmiert und einer Brille mit fünf Dioptrien, war ich in einem Zustand, in dem kein Mensch dieser Welt seinem Traummann begegnen möchte. Aber ich hatte Pech, die Jungs stiegen vorne in meinen Wagen ein. Ich wollte ganz weit weg sein. Ich blickte auf den Boden. Sie gingen an mir vorbei zum Ende des Wagens. Das mehrfach gegrölte Wort »Schwuchtel« war nicht zu überhören.

Vielleicht wollten die Jungs, dass ich mich verteidige, doch ich war in diesem Augenblick so schwach, nicht nur körperlich. Ich wollte einfach nur weg, nicht dort sein. Und gleichzeitig wollte ich dort sein, wo René war. Die Fahrt kam mir ewig lang vor, obwohl sie nicht länger als sechs Minuten dauert. Ich fühlte mich klein und schwach, ich war der schwule Junge im Abteil, der Außenseiter. Ich schämte mich für meine Kleidung, die Jungs trugen alle Markensachen und dazu coole Caps. Und ich gehörte nicht dazu.

Wir waren noch nicht ganz in Mümmelmannsberg angekommen, noch kein Bremsgeräusch war zu hören. Dafür hörte ich umso deutlicher, wie sie laut ausspuckten. Als sie an mir vorbeikamen, spürte ich die Spucke. Sie landete auf meinem Kopf, ich merkte die Feuchtigkeit und strich mir über den Kopf. Die Spucke, die ich jetzt an meinen Händen hatte, wischte ich an meiner Hose ab. Ich war wie gelähmt. Ich hatte nicht die Kraft, mich umzudrehen, aufzustehen oder was zu sagen. Von einem Menschen angespuckt zu werden, ist unerträglich. Ein Schlag ins Gesicht wäre lange nicht so schlimm gewesen. Ich verlor die Fassung. Diese Demütigung brachte mich zum Weinen. Die Tränen liefen mir über das Gesicht bis in die Mundwinkel.

Gerade hatte in der Staatsoper die Pause begonnen. Ich beeilte mich und holte zwei Cola-Light und eine Brezel, die ich mit Hermann Reichenspurner teilte. Bei jedem Ballettbesuch mit ihm lernte ich neue Leute kennen. Chefs anderer Kliniken, Geschäftspartner vom Ballett, ehemalige Tänzer und Tänzerinnen und natürlich Freunde meines Chefs. Ich war nicht der einzige schwule Junge im Publikum, mit der Zeit nahm ich noch mehr »Familienmitglieder« wahr.

Das Thema des Stücks von Thomas Mann war der Grund dafür, dass sehr viele »Familienmitglieder« im Publikum der Hamburger Staatsoper saßen. Sie trugen auffallende Garderobe, und sie fungierten als Trendsetter. Nicht unbedingt mein Geschmack, aber auf jeden Fall ein Blickfang für die Besucher. Die Pause ging zu Ende, es klingelte bereits zum zweiten Mal, wir gingen zurück zu unseren Plätzen.

Es war die Szene mit den Strandjungen, einer schöner als der andere. Natürlich tauchte der Knabe Tadzio auf, er war der gesuchte Stern von vielen Sternen am dunklen Himmel. Keine Sekunde wunderte man sich, dass Aschenbach von dem Jungen fasziniert war und Gefühle für ihn entwickelte.

Ein großer blonder Tänzer, der bei jedem Sprung in der Luft schwebte. Er war sehr muskulös, ein sehr männlicher Körper mit weichen Gesichtszügen und leuchtenden Augen. Die rosaroten Lippen schimmerten wie das Blütenblatt einer Rose. Ich war überwältigt von diesem jungen Tadzio, ein Traum in der Wirklichkeit.

Ich erinnerte mich an eine Kunstausstellung, die ich mit Hendrik am Hafen besuchte. Während ich ein Bild nach dem anderen betrachtete, stand plötzlich ein junger Mann vor mir, wie das Bild des Knaben Tadzio am Strand in Venedig.

Er lächelte mich an und fragte: »Du bist doch Pauls Bruder?« Ja, Paul ist wie mein kleiner Bruder, der Sohn meines Patenonkels Lorenz Köhler. Ich antwortete und sah ihn fragend an. »Ja, das bin ich, aber woher kennen wir uns?« Bevor er meine Frage beantworten konnte, kam mir ein Junge in den Sinn, den ich bei Pauls Geburtstag vor Jahren im Garten in Neuengamme kennengelernt hatte. Wir haben damals sehr lange miteinander gesprochen und sind uns danach zufällig zweimal begegnet. Das war schon Jahre her, und nun stand Jascha, inzwischen ein erwachsener junger Mann, vor mir. Seine Erscheinung und sein Blick nahmen mich sofort gefangen.

Jaschas Freundin gesellte sich zu uns und fragte neugierig, woher wir uns kannten. Jascha erzählte ihr gerade von unserer ersten Begegnung, als Hendrik dazu kam. Aus Rücksicht auf Hendrik beherrschte ich mich und schenke Jascha nicht so viel Aufmerksamkeit, wie ich vielleicht in diesem Augenblick gewollt hätte.

Eine Woche später kam die Trennung von Hendrik. Aus Verzweiflung rief ich Hermann Reichenspurner an, der mich am Telefon tröstete. In der Phase der Trauer versuchte ich, mich abzulenken. Ich ging zum Grindelhof, um zu sehen, welche Filme in meinem Lieblingskino Abaton liefen. Während ich mit meinen Gedanken ganz weit weg war, hörte ich plötzlich den Ruf »Umes«. Es war Jascha auf dem Fahrrad, er hielt an und stieg ab. Er schaffte es in Sekunden, dass ich wieder fröhlich war. Ich spürte eine starke sexuelle Anziehung, Tadzio stand in meinem Leben vor mir. Nur wir zwei, keine dritte Person störte uns.

Er erzählte mir von seiner Tischlerausbildung und seinem zusätzlichen Wirtschaftsstudium. Er beeindruckte mich mit dem, was er machte. Immerhin haben meine Ausbildung zum Herzchirurgen und seine Tischlerlehre etwas gemeinsam, wir sind beide Handwerker. Ich fragte vorsichtig, ob er sich einen indischen Stuhl anschauen könne, der in meiner Küche steht, und nicht mehr ganz in Ordnung sei. Er notierte meine Adresse und Telefonnummer und fuhr weiter zu seiner Freundin.

Die Begegnung mit Jascha schien die beste Medizin gegen den Trennungsschmerz von Hendrik. Wenige Tage später stand Jascha unerwartet vor meiner Tür, um sich meinen defekten Stuhl anzuschauen. Ich kochte Tee für uns und bot ihm die restlichen Kekse von Berndis Geburtstagsfeier an. Mein Stuhl war repariert, und als Dankeschön lud ich ihn für einen der nächsten Tage zum Essen ein.

Wir wurden Freunde. Mit keinem anderen Menschen hatte ich in den folgenden Monaten mehr Kontakt als mit Jascha. Seine Freundin fand es nicht gut, dass er mehr Zeit mit mir verbrachte als mit ihr. Er war nicht schwul, doch ich hatte mich in ihn verliebt und fühlte mich abhängig, besonders nachdem er sich von seiner Freundin getrennt hatte. Er war für mich wie eine Droge, ohne die ich nicht leben konnte. Allein seine Anwesenheit gab mir die Kraft, die Herausforderungen des Alltags zu meistern. Keinem anderen Mann gelang es, ihn aus meinem Herzen zu verdrängen.

Als ich krank wurde, besuchte er mich noch am selben Tag und bot mir seine Hilfe an. Die freie Zeit zwischen Ausbildung und Wirtschaftsschule nutze er, um nach mir zu sehen. Er kochte für mich und munterte mich auf. Er gab mir so viel Liebe und Aufmerksamkeit wie kein anderer, ganz ohne sexuelle Gedanken. Ich war von ihm gefangen. An manchen Abenden saßen wir nach dem Essen stundenlang auf der Couch und sprachen über Beruf und Karriere, Familie und Freunde. Obwohl ich wusste, dass meine Liebe unerfüllt blieb, konnte ich mir einfach nicht vorstellen, mich von Jascha zu trennen. Doch nach Monaten der unerfüllten Liebe war ich erschöpft. Ich merkte, wie schwach ich geworden war, wenn er nicht da war. Ich hatte Angst davor, völlig abhängig von ihm zu sein. Mein Verstand siegte über mein Herz, ich traf die Entscheidung, mich von ihm zu trennen.

Nachträglich zum Geburtstag lud ich ihn zum Essen ein. Danach standen wir am Seiteneingang des Hamburger Hauptbahnhofs. Der Abschied stand kurz bevor. Wir schauten uns lange an, beide mit feuchten Augen. Ich drückte ihn ganz fest, konnte nicht loslassen. Ich bat ihn, sich nicht mehr bei mir zu melden. Er gab mir das Versprechen. Unsere Beziehung war beendet. Ich drehte mich um und ging nach Hause.

Aschenbach wechselte kein einziges Wort mit Tadzio und teilte sich auch sonst niemandem mit. Er gab sich der Faszination und seinen Gefühlen so ausschließlich hin, dass er sich schutzlos der nahenden und tödlichen Cholera aussetzte. Die vollkommene Hingabe bedeutete seinen Tod in Venedig. Das Stück und die Art und Weise, wie es John Neumeier inszenierte, hatten mich tief berührt und aufgewühlt.

Nach der Vorstellung hatte ich noch die Gelegenheit, mit Hermann Reichenspurner hinter die Bühne zu gehen und John Neumeier für die faszinierende Inszenierung zu danken, und ich hatte das Glück, dem Darsteller des Tadzio persönlich zu begegnen.

Ich bedankte mich bei meinem Chef für den wunderbaren Abend. Schnell verließ ich die Oper und eilte durch den Seiteneingang ins Freie. Ein lauer Sommerabend, ich schob meine Gazelle, noch ganz erfüllt von der Aufführung, langsam nach Hause.

Dann stand ich mitten auf der Kennedybrücke, links die Außenalster, rechts die Binnenalster, im Hintergrund das Rathaus. Mein unerfülltes Liebesleben überwältigte mich so wie der Tod Aschenbachs in Venedig. Es war die Vernunft, die mich nicht in ein schwarzes Loch fallen ließ. Der Wind der Außenalster strich über mein Gesicht und trocknete die Tränen.

Wiedersehen in New York

Es war Mittagzeit. Vor dem Lufthansa Service Center am Frankfurter Flughafen hatte sich eine lange Schlange gebildet. Die Wartenden waren hungrig und wütend. Die Maschine aus Hamburg hatte so viel Verspätung, dass der Flug von Frankfurt nach New York nicht mehr erreicht werden konnte. Als Entschädigung hatten alle Fluggäste aus Hamburg einen Essensgutschein über zehn Euro bekommen.

Ich holte mir ein Baguette-Brötchen, schlenderte durch die große Flughafenhalle und beobachtete die vielen Menschen. Die einen eilten geschäftig durch die Halle, andere schlenderten wie ich, um sich die Zeit zu vertreiben. Viele hielten ihr Mobiltelefon in der Hand, schauten immer wieder auf das Display. Andere trugen Kopfhörer, hörten Musik oder telefonierten.

Heute stand ich zum zweiten Mal in meinem Leben in der großen Halle des Frankfurter Flughafens. Es sind Jahre vergangen, seit ich in der Nacht vom 9. auf den 10. September 1991 als unbegleiteter minderjähriger Flüchtling mit dreizehn Jahren dort auf einer Sitzbank lag und betete, dass ich nicht abgeschoben werde. Damals war ich nach dem langen Flug so erschöpft, dass ich, meine Reisetasche an mich gepresst, auf der Bank eingeschlafen war und erst vom Lärm der Putzmaschine geweckt wurde, bevor mich schließlich ein Mitarbeiter des Bundesgrenzschutzes mitnahm.

Ich sprach kein Wort Deutsch, alles was ich sah, war mir fremd und machte mit auch Angst. Ich fühlte mich verloren und verlassen. Jetzt war ich ein erwachsener Mann von 32 Jahren, inzwischen deutscher Staatsbürger, der keine andere Sprache dieser Welt besser sprechen und verstehen kann als die deutsche Sprache.

Kein Bundesgrenzschutz konnte mich mehr nervös machen. Die Menschen um mich herum im Flughafen waren mir nicht mehr fremd, sie waren Teil meiner neuen Heimat Deutschland. Ein Gefühl von Sicherheit erfüllte mich. Davon hatte ich bei meiner ersten Ankunft auf dem Frankfurter Flughafen nicht einmal zu träumen gewagt.

Meinen Einbürgerungsantrag wollte ich nach meinem bestandenen medizinischen Staatsexamen in Lübeck stellen. Ich stand also eines Morgens in der Einbürgerungsbehörde vor dem Büro einer Sachbearbeiterin, die für Antragstellung und Information zuständig war. Ich klopfte an und hörte ein lautes Ja. Ich öffnete die Tür und sagte: »Guten Morgen, mein Name ist Umeswaran Arunagirinathan. Ich komme aus Sri Lanka und habe in Lübeck Medizin studiert. Könnte ich bitte Informationen für die Einbürgerung bekommen?« Mit einer etwas gereizten Stimme antwortete die Dame im Büro: »Sie sind doch zum Studieren hergekommen, was wollen Sie mit der Information zur Einbürgerung?«

Auf meine Frage antwortete die Sachbearbeiterin mit einer Gegenfrage, und ihr Ton signalisierte mir, dass sie meinem Anliegen ablehnend gegenüberstand. Dieses Verhalten war mir nicht fremd. Ich hatte es schon als Schüler in Hamburg beim Arbeitsamt kennengelernt. Meine Frage, warum ich für einen Job, bei dem ich fünfzehn Mark verdienen könne, keine Erlaubnis erhalte, wurde damals mit der Gegenfrage beantwortet, warum ich noch eine Arbeitserlaubnis brauche, wenn ich doch wieder zurück in meine Heimat gehen müsse. Ich besaß während der Schulzeit lediglich eine Duldung. Mein Aufenthalt in Deutschland konnte jederzeit beendet werden.

Nach meiner Internetrecherche war ich mir sicher, dass die rot-grüne Regierung beschlossen hatte, dass die Dauer der Aufenthaltsbewilligung als anrechnungsfähige Zeit für die Einbürgerung gewertet werden könne, und ich daher nach dem Medizinstudium einen Einbürgerungsantrag stellen konnte.

Nach der Abweisung auf der Einbürgerungsbehörde holte ich mir Rat bei Familie Wegener in Lübeck, deren Tür immer für mich offen steht. Das Ehepaar Wegener hat zwei Kinder adoptiert, aus Sri Lanka und dem Libanon, und ist in verschiedenen sozialen Projekten auf Sri Lanka aktiv. Nachdem sich Herr Wegener gründlich über die Einbürgerungsvorschriften informiert hatte, schlug er vor, mich zum Amt zu begleiten.

Ich stand also erneut mit demselben Anliegen vor demselben Büro der Einbürgerungsbehörde. Herr Wegener klopfte an die Tür, öffnete sie und erklärte: »Ich komme als Begleitung von Umeswaran Arunagirinathan. Wir möchten seine Einbürgerung beantragen.« Dieselbe Sachbearbeiterin, die sich eine Woche zuvor abweisend verhalten hatte, sagte: »Bitte, kommen Sie herein, Herr Wegener.« Sein sicheres und selbstbewusstes Auftreten zeigte Wirkung.

Vier Wochen später bekam ich per Post die Mitteilung, dass ich meine Einbürgerungsurkunde im Einwohnermeldeamt in Lübeck abholen könne. Ich war so glücklich wie nach meinem bestandenen Medizinexamen.

So gab es im Sommer 2008 für mich gleich drei Anlässe, ein Grillfest mit meinen Freunden im Garten meines Patenonkels Lorenz Köhler in Hamburg-Neuengamme zu feiern. Ich hatte das Medizinstudium erfolgreich beendet und arbeitete bereits als Assistenzarzt in meiner Heimatstadt Hamburg, mein Buch »Allein auf der Flucht« war erschienen, und ich war deutscher Staatsbürger. Endlich, nach 20 Jahren, durfte ich in meiner neuen Heimat ein Teil dieser Gesellschaft sein. Nicht mehr als Flüchtling mit begrenzten Aufenthaltserlaubnissen, in ständi-ger Angst vor einer Abschiebung. Der Kampf hatte sich gelohnt. Jasmin, eine meiner engsten Freundinnen aus der Schulzeit, schenkte mir ein T-Shirt mit dem Aufdruck »Arzt, Autor und Deutscher«.

Bei einer Lesung aus meinem Buch »Allein auf der Flucht«

Für mich war das bis dahin Erreichte eine Bestätigung dafür, dass ich im Leben für Dinge kämpfen muss, einen langen Atem brauche und am Ende auch tatsächlich mein Ziel erreichen kann. Es motivierte mich, auch in Zukunft das Leben positiv zu sehen, egal, wie oft mir Hindernisse in den Weg gelegt würden.

Meine Patentante spendierte die Getränke für meine Feier, und ich besorgte die Grillsachen. Alle Gäste brachten etwas mit, Salat oder eine landestypische Spezialität: Die Familie meines Onkels srilankanische Gerichte, meine afghanische Familie typisch afghanisches Essen, die türkische Freundin und die persische Freundin brachten Gerichte aus ihrer Heimat. Es waren auch viele Kinder dabei. Einige meiner Studienfreunde hatten bereits geheiratet und eine Familie gegründet. Meine Patentante freute sich, dass so viele Menschen unterschiedlicher Nationalitäten in ihrem Garten feierten. Für mich war es einer der glücklichsten Momente in meinem Leben. Ich empfand große Dankbarkeit.

Der Flug nach New York wurde jetzt aufgerufen. Ich verlor keine Zeit und ging zum Boarding-Schalter. In der Kontrollzone stand ich zum ersten Mal auf der rechten Seite für die Fluggäste mit europäischem Pass. Ich genoss die für mich ungewohnte Situation. Beim Start der Maschine steckte ich mir wie gewöhnlich einen Kaugummi in den Mund und betete zu »Kannarei Amman«, einer Göttin aus dem Tempel meines Geburtsorts, dass ich gesund und sicher in New York ankomme.

Während des Flugs dachte ich an meinen kleinen Bruder Jana. Im März 1985 wurde er in Puthur in demselben Krankenhaus, in dem alle meine Geschwister zur Welt kamen, geboren, im Sternzeichen der Fische, wie meine Mutter und ich. Ich kann mich noch sehr gut an den Tag seiner Geburt erinnern. Ich war damals sieben Jahre alt und überglücklich, dass ich jetzt einen Bruder hatte.

Nach einer Geburt kommt immer eine ältere Frau, die Sella-matchi genannt wird, ins Haus, um sich um die Mutter und das neugeborene Kind zu kümmern. Sie praktiziert die traditionelle Medizin Sri Lankas, die viele Kräuter und Gewürze verwendet. Mein Bruder bekam neben der Muttermilch frisch gepressten Granatapfelsaft von ihr verabreicht.

Neidisch war ich damals sicherlich, weil ich auch gern so hellhäutig gewesen wäre wie Jana. Helle Haut entspricht dem Schönheitsideal auf Sri Lanka. Wenn man hellhäutig ist, dann spielt es auch keine Rolle, ob man eine Riesennase oder krumme Ohrläppchen hat. Ich kann mich noch daran erinnern, dass ich mir an manchen Tagen mehrmals das Gesicht gewaschen habe in der Hoffnung, dadurch heller zu werden. Oder ich habe mir, wie die meisten Menschen dort, das Gesicht weiß gepudert.

Jana war fünf Jahre alt, als ich Sri Lanka verlassen habe. Ob er sich überhaupt noch an mich erinnern konnte? 2004 wurde er von meinen Eltern mit einer Schlepperorganisation nach Amerika geschickt. Eigentlich sollte er in New York nur zwischen-landen und weiter nach Toronto zu meiner Schwester Vani flie-gen, die dort bereits als Kanadierin mit ihrem Mann und ihren drei Kindern lebte. Seine Flucht mit den Schleppern dauerte zum Glück nicht so lange wie bei mir, aber als das Flugzeug in New York landete, wurde er auf dem Flughafen von US-Beamten festgenommen und kam für insgesamt acht Monate in Untersu-chungshaft. Während dieser Zeit waren wir alle, besonders mei-ne Eltern, in großer Sorge, ob die US-Behörden meinen Bruder wieder zurück nach Sri Lanka schicken würden.

Meine Eltern hatten mehrere private Kredite für die Schlep-per meines Bruders aufgenommen. Jetzt lasteten die Schulden schwer auf ihnen, denn Jana war im Gefängnis und nicht in der Lage, das Geld zurückzuzahlen. Sein Stundenlohn von einem Dollar für seine Tätigkeit in der Gefängnisküche reichte gerade mal für seine Telefonate mit den Eltern. Ich war Student und konnte auch nicht mehr als zweihundert Euro im Monat sparen, um die Schulden für meinen Bruder abzuzahlen.

Meine Mutter war gezwungen, sich von ihren letzten Schmuckstücken, die sie als Mitgift von ihren Eltern bekommen hatte, zu trennen, und Vater musste noch ein Grundstück verkaufen. Damit konnte ein Teil der Kredite getilgt werden, und mit einem zusätzlichen Ferienjob konnte ich auch noch einen kleinen Beitrag leisten.

 Nach acht Monaten Untersuchungshaft kam es zur Verhandlung über seinen Asylantrag. Jana bekam überraschend Asyl in den USA, wir waren alle glücklich, und Mutter organisierte wieder ein Tempelfest und lud alle Nachbarn zum Essen ein. Sie wollte das Glück der Familie mit den anderen teilen. Nach der Anerkennung seines Asylantrags bekam mein Bruder seine Greencard, die Voraussetzung für seine Einbürgerung in den USA. Durch die Tag- und Nachtarbeit in einer New Yorker Bäckerei war er in der Lage, die restlichen Schulden abzutragen. Ich versuchte monatelang, ihn davon zu überzeugen, dass er zur Schule gehen und eine Ausbildung beginnen solle. Leider war seine Lernbereitschaft nicht groß genug. Nach seinem Job beim Bäcker arbeitete er als Taxifahrer in Manhattan. Das gefiel mir gar nicht, aber wie sollte ich auf meinen Bruder, den ich zwanzig Jahre nicht gesehen hatte, aus der Ferne Einfluss nehmen. Ich habe am Ende seine Entscheidung respektieren müssen.

Ich war sehr neugierig zu erfahren, wie mein Bruder in New York lebt und welche Freunde und Bekannte er hat. Inzwischen wusste ich von Fotos, wie er aussieht: ein großer, kräftiger Mann. Die Ähnlichkeit mit unserem Vater war unübersehbar, nicht nur das Gesicht, sondern auch die Figur.

Nach der Landung, auf dem Weg zur Passkontrolle, warf ich meinen Kaugummi, den ich beim Landeanflug gekaut hatte, in einen Mülleimer. Ich wollte auf keinen Fall bei den Kontrollbeamten negativ auffallen. Ich stand in einer langen Schlange, wo die US-Grenzbeamten die ankommenden Passagiere fotografierten und Fingerabdrücke nahmen. Ich zeigte die Referenznummer meines Internet-Visumantrags, den ich 24 Stunden vor meinem Abflug aus Deutschland gestellt hatte. Alle Fragen, die ich bereits im Internet beantwortet hatte, wurden erneut von dem dunkelhäutigen Beamten in dunkelblauer Uniform gestellt. Ich beantwortete eine Frage nach der anderen, während der Beamte mehrfach in meinem Reisepass blätterte.

Nach einer 20-minütigen Befragung führte der Beamte mich in einen Warteraum, wo bereits viele andere Reisende darauf warteten, in die USA »eingelassen« zu werden. Ich konnte nicht erkennen, aufgrund welcher Merkmale die Beamten die Reisenden in diesem Raum warten ließen. Es waren Menschen aller Hautfarben und unterschiedlicher Herkunft vertreten. Im Raum sah man vier verschiedene Kameras, die uns beim Warten filmten. Einer nach dem anderen wurde aufgerufen, aber es gab keine erkennbare Reihenfolge. Ich hatte erwartet, dass die endlosen Grenzkontrollen mit dem Besitz der deutschen Staatsbürgerschaft aufhören würden, doch bei den US-Behörden hatte ich mich wohl geirrt. Ich frage mich, ob US-Bürger bei der Einreise in unser Land auch so viel Geduld aufbringen müssen. Nach etwa zwei Stunden wurde ich aufgerufen und musste einem anderen Beamten dieselben Fragen, die mir bereits zwei Stunden zuvor gestellt worden waren, erneut beantworten.

Erleichtert war ich, als der Beamte meinen Reisepass aufschlug und einen Stempel setzte, der mir die Einreise erlaubte. Ich holte meinen Koffer und eilte nach draußen. Dort sah ich endlich meinen Bruder, der auf mich wartete. Obwohl er sieben Jahre jünger ist, sieht er größer und kräftiger aus als ich. Er strahlte vor Freude, als er mich sah. Wir umarmten uns ganz fest, und beide hatten wir Tränen in den Augen. Unser Wiedersehen nach 20 Jahren! Ein besonderer Moment in unserer Geschwisterbeziehung. Er nahm meinen Koffer und führte mich aus dem Flughafengelände nach draußen. Stolz zählte er auf, was es auf dem Flughafen JFK alles gibt. Er wusste das alles, weil er zwischen seinem Job in der Bäckerei und seinem Taxifahrerjob einige Monate auf dem Flughafen gearbeitet hatte. Er lachte die ganze Zeit und strahle vor Freunde. Er versicherte mir immer wieder, wie glücklich er sei, mich zu sehen. Er konnte es kaum abwarten, unsere Eltern auf Sri Lanka anzurufen, um mit ihnen unsere Wiedersehensfreude zu teilen.

Dann saß ich in seinem Auto, und er fuhr vom Flughafen nach Queens, wo er als Untermieter bei einer indischen Familie lebte. Auf dem Weg erklärte er mir voller Stolz die Umgebung. Ich besaß damals nicht einmal einen Führerschein, und jetzt fuhr mich mein jüngerer Bruder mit dem eigenen Auto nach Hause.

Sein Zimmer war etwa zwölf Quadratmeter groß, sichtlich renovierungsbedürftig, mittendrin stand ein Bett mit einer durchgelegenen Matratze, an der Seite ein alter Wohnzimmerschrank, in dem er seine Kleidung untergebracht hatte. Es gab ein kleines Fenster mit einer herunterhängenden Gardine. Der Anblick machte mich traurig. Für meinen Bruder war es bestimmt unangenehm, mir so ein Zimmer zu zeigen. Ich hoffte, er würde nicht merken, was ich von seinem Zimmer hielt. Immerhin zahlte er über 600 Dollar Miete im Monat, und er erzählte nebenbei, dass er im Vergleich mit seinen Kollegen eines der besten Zimmer besitze. New York hat kaum Platz zum Wohnen, und alles, was vier Wände hat, kostet viel Geld. Selbst Garagen werden als Wohnräume vermietet.

Den restlichen Tag machte Jana mich mit den Menschen bekannt, mit denen er in New York am meisten zu tun hatte. Er stellte mich jedes Mal mit meinem Beruf vor und sagte: »Das ist mein große Bruder, er ist Arzt in Deutschland.« Mir war es unangenehm, aber ich konnte meinem Bruder ansehen, wie stolz er war, seinen älteren Bruder als Arzt vorzustellen.

Am Abend gingen wir nach Manhattan, wo meine Freundin Karo mit ihrem Ehemann Adam lebte. Es muss im Jahr 1997 gewesen sein, als ich mit einer Operation der Nasenscheidewand in der Klinik Mümmelmannsberg lag und sie mich mit ihrer Freundin besuchte, mit einer Rose in der Hand. Eine Freundschaft, die in den letzten Jahren immer mehr gewachsen ist. Sie gehört zu meinem engsten Freundeskreis. Nun wohnt sie seit Jahren in New York und arbeitet erfolgreich als Model. Sie lud Jana und mich zum Abendessen in ein Restaurant ein und anschließend zu einer angesagten Party in Manhattan. Mein Bruder war zum ersten Mal auf so einer Party, und ich selbst hatte so etwas in Hamburg bisher nicht erlebt. Einlass gab es nur mit Voranmeldung und vorheriger Tischreservierung. Ich habe keine Ahnung, wie viel Geld Karo für uns ausgegeben hat, jedenfalls war es die tollste Party, die ich je erlebt habe.

Jana fragte mich sehr höflich, ob es für mich in Ordnung sei, wenn er Alkohol trinke. Das war wieder typisch für die tamilische Kultur, dachte ich. Ich sagte natürlich ja. Er ist ein erwachsener Mann und kann tun und lassen, was er möchte. Trotzdem fühlte ich mich geehrt, dass er mich gefragt hatte. Es war wunderbar, meinen Bruder zu amerikanischer Musik tanzen zu sehen, er war überglücklich. Das war unsere Wiedersehensparty!

Am nächsten Tag gingen wir mit Karo in die Stadt, und sie und Jana zeigten mir New York mit seinen Hochhäusern. Eine bunte Gesellschaft prägte das Straßenbild. Jeder kleidete sich in seinem eigenen Stil, niemand schaute den anderen herablassend an. Alles schien erlaubt zu sein.

Am späten Abend begleitete Karo uns zum riesigen Busbahnhof in Manhattan, in dem sich unzählige Menschen aufhielten. So etwas hatte ich in Deutschland noch nie gesehen. Mein Bruder hatte die Busfahrt von New York nach Toronto organisiert. Dort wollten wir meine Schwester Vani wiedersehen. Er hatte auch darauf bestanden, mein Ticket zu bezahlen. Mit einem stolzen Lächeln führte er mich zu unserem Bus. Ohne ihn hätte ich mich in diesem Bahnhof verloren gefühlt.

Mein Bruder saß am Fenster und ich am Gang. Auf der anderen Seite des Gangs saß ein sympathischer Mitfahrer, der den Eindruck machte, dass er nicht zum ersten Mal im Bus nach Toronto saß. Er wirkte so sicher und gelassen.

Jana fragte mich, ob ich aufgeregt sei wegen des Wiedersehens mit unserer Schwester Vani. Ich antwortete, dass es sehr aufregend sei, innerhalb von zwei Tagen zwei meiner Geschwister nach zwanzig Jahren wiederzusehen. Ob er sich an mich erinnere, als ich noch auf Sri Lanka gewesen sei. Er konnte sich kaum an unsere verstorbene Schwester Ruji erinnern, aber doch an mich. Ich sei immer mit großen Jungs unterwegs gewesen und selten zu Hause. Er wusste auch noch, dass ich einen Obst-

Das letzte gemeinsame Foto mit unserer Schwester Ruji, 1989

und Gemüsestand hatte und damit Geld für die Familie verdiente. Ich konnte mich sehr gut an den kleinen, hellhäutigen Jungen mit den großen Augen und der Nase, die er von unserem Vater geerbt hatte, erinnern. Ein ruhiger, schüchterner Junge, der sich meist hinter unserer Großmutter versteckte und sich an ihren Sari klammerte. War das eine wunderbare Zeit! Gemeinsam mit Eltern, Geschwistern und Großeltern in einem Haus zu leben. In Geborgenheit und Liebe. Dafür habe ich nie wieder einen Ersatz bekommen.

Mein Bruder war schon kurz nach der Abfahrt des Busses eingeschlafen. Oft fährt er Doppelschichten, um seine restlichen Schulden abzuzahlen. Wenn er dann nachts von der Arbeit kommt, kauft er sich auf dem Nachhauseweg noch rasch ein tamilisches Gericht, sieht sich beim Essen einen indischen Film an und geht danach direkt ins Bett. Lebensqualität ist etwas, was er bisher noch nicht kennt. Er lebt ein ungesundes Leben, wie die meisten seiner Freunde in New York. Ich betrachtete immer wieder sein schlafendes Gesicht. Ich war unbeschreiblich glücklich, mit meinem Brüderchen neben mir auf der Fahrt nach Toronto zu unserer Schwester Vani. Ein solches Glück werden auch unsere Eltern empfunden haben bei dem Gedanken, dass drei ihrer Kinder nach so langer Zeit zusammenkommen sollten. Wie gern wären sie dabei gewesen. Es war aber unmöglich, für meinen Vater ein Besuchsvisum zu bekommen, da er schwer krank war.

Mein Sitznachbar rechts am Gang und ich hatten uns schon mehrfach zugelächelt, aber nicht miteinander gesprochen. Plötzlich fragte er mich, ob wir aus Indien oder aus Sri Lanka kämen. Ich sagte, dass wir beide auf Sri Lanka geboren seien, aber ich aus Deutschland und mein Bruder aus New York komme. Er konnte kaum glauben, dass wir Brüder sind, und ich sogar der ältere von uns beiden. Jana komme mehr nach meinem Vater und ich eher nach meiner Mutter. Wir hätten uns nach 20 Jahren zum ersten Mal wiedergesehen und seien jetzt auf dem Weg, unsere Schwester in Toronto zu treffen. Er war sehr interessiert und stellte viele Fragen. Ich beantwortete alle, soweit ich das mit meinem Englisch konnte.

Wir sprachen über den Bürgerkrieg auf Sri Lanka und über seine Entstehung aus der Studentenbewegung und darüber, wie viele unschuldige Menschen in diesem Krieg gestorben sind. Von den Schrecken des Bürgerkriegs kamen wir auf meine Flucht über Afrika nach Deutschland. Er war sehr berührt von meiner Fluchtgeschichte und wollte wissen, wie ich als Ausländer in Deutschland aufgenommen wurde. Ich antwortete ihm, dass ich inzwischen mehr Deutscher als Tamile sei, auch wenn ich nicht wie ein Deutscher aussehe. Nirgendwo fühlte ich mich so zu Hause wie in Hamburg. Er war sehr überrascht, ob ich denn keine Probleme mit den Nazis habe. Ich sagte, dass es sicher Menschen mit rechter Gesinnung gebe, wie in jedem Land, dass ich aber selten Nazis begegnet sei. Die meisten Deutschen seien gegenüber Fremden und fremden Kulturen offen und tolerant. Er konnte es einfach nicht glauben, dass ich mich als Dunkelhäutiger in Deutschland wohlfühle.

Er wurde plötzlich ernst und erzählte von seinem Großvater, der als Jude aus Nazi-Deutschland fliehen musste, um sich vor dem Konzentrationslager zu retten. Sein Großvater war ein erfolgreicher, gebildeter Mann, der wegen Hitler und seinem Regime seine Heimat verlassen musste. Er habe ihm als Kind immer wieder von seiner Heimat erzählt, die er einmal so sehr geliebt hatte. Die Erinnerung an seinen Großvater machte ihn so traurig, dass seine Augen feucht wurden.

Auch mich hatte das Schicksal seines Großvaters sehr berührt. Und ich verstand, warum er kein gutes Bild von Deutschland hatte und dieses Land niemals besuchen wollte. Ich fühlte mich schlecht und hatte das Bedürfnis, ihm ein etwas anderes Bild von Deutschland zu vermitteln: Dass die meisten Deutschen sich für das, was den Juden angetan wurde, schämten und dass er in Deutschland willkommen sei. Es würde ihm vielleicht helfen, mit jungen Deutschen über die Vergangenheit zu sprechen. Unsere Generation trage nicht die Schuld für die Verfolgung und Ermordung der Juden und anderer Minderheiten. Aber es sei unsere Verantwortung und Pflicht, aus der Geschichte zu lernen und einen Beitrag zu leisten, dass so etwas nie wieder in unserem Land geschieht. Ich erzählte ihm begeistert vom jüdischen Viertel am Grindel in Hamburg und von dem jüdischen Café Leonar, wo viele Intellektuelle und Kreative sich treffen. Ein Ort, der die Gedanken bereichert und inspiriert. Ich schrieb ihm meine Mailadresse auf und bat ihn, sich zu melden, wenn er doch einmal nach Deutschland komme. Ich würde mich riesig freuen, ihm Hamburg zu zeigen.

Draußen wurde es schon hell, von Weitem erkannte man die Hochhäuser von Toronto, deutlich zu sehen war der berühmte CN Tower. Mein Bruder wurde langsam wach, und wir spürten beide die innere Aufregung. Wir hatten nur die Adresse von Vani, aber keine Karte oder Plan, wie wir vom Busbahnhof zu ihr nach Hause kommen sollten.

Nach der Ankunft suchten wir verzweifelt eine Karte, auf der die Bahn- und Busverbindungen zu Vanis Haus eingezeichnet waren. Unser Mitreisender, der sich gerade freundlich von uns verabschieden wollte, bemerkte unsere Hilflosigkeit. Wir nannten ihm Vanis Adresse, und er brachte uns zum richtigen Bahnhof und erklärte uns den weiteren Weg. Sogar die Fahrtkarte kaufte er für uns, da wir kein passendes Geld dabei hatten. Unser freundlicher Helfer verabschiedete sich und verschwand in der Menge. Ich kenne nicht mal seinen Namen, ich weiß nur, dass er Soziologie-Dozent an der Universität in New York ist und aus Toronto kommt.

Wir fuhren also zuerst mit der Bahn und stiegen dann in einen Bus, der uns in den Stadtteil brachte, wo unsere Schwester lebt. Gefühlt mehr als eine Stunde liefen wir durch die schier endlosen Straßen des Stadtteils, bis wir am Ende auf eine Straße stießen, in der wir schon von Weitem Vani vor einem Haus stehen sahen und nach uns rufen hörten. Endlich hatten wir unser Ziel erreicht und fielen uns glücklich in die Arme. Im Haus warteten die drei Töchter von Vani. Natürlich gab es reichlich Geschenke für die Nichten.

Vani hatte für uns tamilische Speisen gekocht. Wir saßen auf der Couch im Wohnzimmer, waren nach der langen Fahrt hungrig und aßen mit großen Appetit. Mein Bruder war das heimatliche Essen gewöhnt, für mich war es allerdings wieder zu scharf. Meine Schwester schnitt süße Mangos in kleine Stücke und legte sie auf meinen Teller, damit ich meine brennende Zunge beruhigen konnte.

Unsere Schwester Nala rief mehrmals am Tag aus London an. Sie war traurig, dass sie bei unserem Wiedersehen nicht dabei sein konnte. Aber organisatorisch und finanziell war es einfach nicht möglich, ein gemeinsames Treffen hinzubekommen. Wir skypten zu viert, scherzten und lachten viel und hatten das Gefühl von einem gemeinsamen Treffen aller vier Geschwister. Und träumten von einem Familientreffen mit den Eltern.

Innerhalb eines Jahres hatte ich alle Familienmitglieder wiedersehen können. Auch wenn es kein gemeinsames Treffen war, habe ich die glücklichsten Tage seit meiner Flucht erlebt. Viele Jahre wusste ich nicht, ob ich meine Familie jemals wiedersehen würde.

Von allen Geschwistern war ich schon am längsten von der Familie getrennt. Im Unterschied zu mir hatten sie alle länger zusammen gelebt und kannten sich besser. Und meine Eltern haben miterlebt, wie sie erwachsen wurden. Ich merke immer wieder, dass ich in vielen Dingen anders denke und anders bin als meine Geschwister. Manchmal fühle ich mich wie ein Außenseiter.

Am Abend unserer Ankunft in Toronto begegnete ich zum ersten Mal meinem Schwager, den ich bis dahin nur von Bildern und vom Telefonieren kannte. Ein sehr sympathischer Mann, der sich liebevoll um seine Familie kümmert. Ich kann mich noch gut an das Telefongespräch mit meinem Vater erinnern, in dem er mir sagte, dass er einen Mann für Vani gefunden habe. Ja, es handelte sich bei meiner Schwester um eine arrangierte Heirat, wie die bei den meisten Ehen auf Sri Lanka.

Mit meinen Geschwistern in Toronto, 2016

Als mein Schwager, nachdem er schon einige Jahre in Toronto gelebt hatte, seine Eltern und Geschwister auf Sri Lanka besuchte, suchte seine Familie mit seiner Zustimmung eine Frau für ihn. Der Vater meines Schwagers kam eines Tages zu meinem Vater und fragte, ob er Interesse habe, Vani mit seinem Sohn zu verheiraten. Vater informierte sich über die Familie des potentiellen Schwiegersohns und verglich auch die astrologischen Geburtstafeln der beiden, ob sie nach hinduistischem Glauben zusammenpassten. Anschließend fragte er meine Schwester, ob sie mit dem Mann einverstanden sei. Erst dann kam es zu einem persönlichen Treffen beider Familien, bei dem der Hochzeitstermin festgesetzt wurde.

Unserem Vater war es wichtig, dass meine Schwester der Heirat zustimmte. Manche Väter organisieren die Ehen, ohne ihre Söhne und Töchter über ihre Pläne überhaupt zu informieren, geschweige denn zu fragen. Ich bin sehr froh, dass mein Vater erst mit Zustimmung meiner Schwester alles Weitere geplant hat. Meine Eltern waren sehr glücklich darüber, dass sie für Vani einen tamilischen Mann gefunden hatten, der im Ausland lebte, und damit eine Möglichkeit für sie, ohne eine Schlepperorganisation dem Bürgerkrieg auf Sri Lanka zu entkommen. Nach der Hochzeit durfte meine Schwester im Rahmen der Familienzusammenführung nach Kanada einwandern.

Es ist für Europäer und auch für mich schwer zu verstehen, dass junge Männer und Frauen oft nach nur einem Treffen oder sogar nur nach einem Foto einer Heirat zustimmen. Aber die meisten Paare kennen es nicht anders, sie halten arrangierte Ehen für normal. Ob die Paare später glücklich werden, ist fraglich. Für tamilische Frauen, die einen Mann im Ausland geheiratet haben, war es meist die einzige Chance, dem Bürgerkrieg zu entkommen.

Auf der anderen Seite ist es für tamilische Männer, die schon in Europa oder Amerika geboren sind, die zwar tamilisch aus-

sehen, aber ein westliches Leben mit offenen Beziehungen führen, auch schwer, plötzlich mit einer Frau aus einem tamilischen
Dorf zu leben. Beide Partner können von der Situation überfordert sein, und die Ehe mündet in eine Dauerkrise und kostet
Kraft und Geduld. Die Enttäuschung über das Scheitern der Ehe
fördert aggressives Verhalten, besonders, wenn man nicht in der
Lage ist, über die Probleme offen zu sprechen. Die häusliche Gewalt hat schon einige tamilische Ehefrauen das Leben gekostet
oder zu Selbstmordversuchen geführt.

Am zweiten Tag in Toronto bekamen wir Besuch von Verwandten und Bekannten, die uns aus Sri Lanka kannten. Ich traf
meine Nachbarn, in deren Hinterhof ich als Kind gespielt habe,
und einen Cousin in meinem Alter, den ich zuletzt mit zehn Jahren gesehen habe.

Überglücklich war ich, als ich die Tochter unserer Nachbarn
traf, die bei einem Raketenangriff so schwer verletzt wurde, dass
man nicht wusste, ob sie gerettet werden würde, als die Nachbarn sie auf einem Lastwagen mit einer weißen Fahne ins Krankenhaus brachten. Sie lebt jetzt in Toronto, ist verheiratet und
kam mit ihren beiden Kindern, um mich zu sehen. Gleichzeitig
war es traurig zu erfahren, dass ihr Bruder, der mein Schulkame-
rad war, bei einem Angriff getötet wurde.

Wir besuchten auch eine Großtante, die Tante meiner Mutter. Sie war schon über achtzig Jahre alt, eine alte Frau mit vielen guten Erinnerungen an unsere Heimat. Sie war eine der we-
nigen aus der Generation meiner Großeltern, die noch lebten.
Für sie hatte ich eine warme Wolldecke mitgebracht, damit sie
es gemütlich warm hat, wenn sie auf ihrer Couch sitzt und im
Fernsehen tamilische Serien anschaut. Sie ist nicht an die Kälte
in Kanada gewöhnt, denn sie lebte über 60 Jahre auf Sri Lanka,
und Temperaturen unter 20 Grad kannte sie nicht.

Wie gern hätte ich mich auch um meine Großeltern geküm-
mert. Leider wurde meine Großmutter bei einem Raketenangriff

der Regierungssoldaten getötet, und Großvater verhungerte, als er mit anderen älteren Männern in eine Schule eingesperrt worden war.

Vani erzählte noch von einem anderen Nachbarn in Puthur, der jetzt auch in Toronto, nicht weit von meiner Schwester entfernt, lebte. Meine verstorbene Schwester Ruji und ich haben als Kinder nach der Schule oft diesen Nachbarn besucht. Er hatte damals einen Laden. Dort verbrachten wir viel Zeit und freuten uns, wenn wir zwischendurch Süßigkeiten von ihm bekamen. Ich erinnere mich sehr gut an seine Hochzeit, ich muss acht Jahre alt gewesen sein. Eine Hochzeit mit über sechshundert Gästen, ein extra Zelt wurde sogar als Sonnenschutz aufgebaut.

Einmal habe ich mit Ruji für seine Familie gekocht. Das erste Mal, dass ich kochen durfte. Es gab Reis mit Spinat und roten Linsen. Männer stehen normalerweise nicht in der Küche, nur bei großen Festen wie Hochzeiten, Tempelfesten oder Trauerfeiern kochen Männer, während die Frauen ihnen zuarbeiten.

Nur zwanzig Minuten Autofahrt vom Haus meiner Schwester entfernt, lebte unser ehemaliger Nachbar Jayakumar. Ich habe ihn sofort wiedererkannt. Wir saßen im Wohnzimmer, während seine Frau in der Küche für mich Appam machte. Sie wusste, dass es mein Lieblingsgericht war. Wir sprachen über unsere gemeinsamen Nachbarn auf Sri Lanka. Er hat inzwischen zwei Söhne und zwei Töchter. Sie sprachen alle Tamil. Besonders sympathisch war mir der jüngere Sohn vom ersten Augenblick an. Ein sehr hübscher junger Mann mit wunderschönen Rehaugen und kräftigen schwarzen Haaren. Ich war überrascht, dass er ganz unverhofft eine große Anziehung auf mich ausübte.

Wir aßen zusammen Appam, für mich immer wieder ein besonderes Erlebnis. Am nächsten Tag fuhren wir mit Vanis Familie zu den Niagarafällen. Ein überwältigendes Naturschauspiel, ein wunderbarer Familienausflug mit einem gemeinsamen Mittagessen in einem nahegelegenen Restaurant.

Die Einkaufszentren nennt man »Mall« in Toronto, und eine Mall musste ich ja auch unbedingt mit meinen Nichten und meiner Schwester besuchen. Dort traf ich ganz unerwartet eine tamilische Familie aus der Nachbarschaft in Hamburg, die vor Jahren nach Kanada ausgewandert war. Sie legte, wie viele tamilische Eltern, Wert darauf, dass ihre Kinder englischsprachig aufwuchsen.

In Toronto und London leben mehr Tamilen aus Jaffna als in jeder anderen Stadt außerhalb Sri Lankas. In machen Straßen Torontos wohnen fast nur tamilische Familien, die eine Art Parallelgesellschaft bilden, ähnlich wie in London. Manchmal hatte ich das Gefühl, auf Sri Lanka zu sein.

Bewundernswert hoch ist die Zahl der Akademiker unter den eingewanderten Tamilen. Viele Kinder von ehemaligen tamilischen Flüchtlingen sind inzwischen Ärzte, Anwälte, Banker, Geschäftsleute, Beamte und sogar Parlamentsabgeordnete. Ein Beweis dafür, wie wichtig die Bildung von zugewanderten Menschen für ihre Integration und ihr Fortkommen in der neuen Gesellschaft ist. Das Entstehen einer Parallelgesellschaft kann nur durch Bildung verhindert werden.

Während mein Schwager bei der Arbeit und die Kinder in der Schule waren, saßen Vani, Jana und ich zu dritt vor dem Computer und skypten mit Nala in London. Wir unterhielten uns vor allem über unsere Eltern und über die Krankheit unseres Vaters. Ich gab den Geschwistern mein Wort, dass ich es als meine Pflicht als ältester Sohn ansehe, auch weiterhin die finanzielle Verantwortung für unsere Eltern zu übernehmen. Die Erleichterung meiner Geschwister war nicht zu übersehen.

Das Thema Heirat kam natürlich auch wieder zur Sprache. Meine Schwester Vani erzählte mir von verschiedenen unverheirateten Frauen und von einem Bekannten, der großes Interesse habe, seine Tochter mit mir zu verheiraten. Die Familie war bereit, viel Geld als Mitgift zu zahlen. Ich fühlte mich wie ein Verkaufsobjekt. Immer wieder suchte ich nach Ausflüchten. Nachdem ich das Studium nicht mehr als Hinderungsgrund anführen konnte, argumentierte ich damit, dass ich erst noch meine Doktorarbeit schreiben und auch meine Facharztausbildung beenden müsse. Ich schaffte es schließlich, das Thema zu wechseln.

Ich erlebte mit meinen Geschwistern eine wunderbare Zeit in Toronto. Geschwisterliebe ist eine besondere Liebe.

Sehnsucht nach Hamburg

Es war der letzte Abend vor meinem Umzug nach Bad Neustadt. Ich lag auf dem Bett und war traurig, dass ich am nächsten
Tag Hamburg verlassen musste. Einschlafen konnte ich nicht.
Immer wieder überlegte ich, ob ich alles Nötige gepackt und alles für meinen Aus- und Umzug geregelt hatte.

Mein Mitbewohner Berndi war über alles informiert, ein
Untermieter für mein Zimmer bereits gefunden. Unser Nachbar
Martin hatte für alle Fälle einen Ersatzschlüssel.

Der Kellerraum war bereits überfüllt mit Dingen, die ich
nicht mit nach Bad Neustadt nehmen wollte. Mein Kumpel
Mirko hatte am Tag zuvor meine Sachen, die sich durch unsere
regelmäßigen Shoppingtouren in meinen zwei Schränken ange-
sammelt hatten, in Kisten sortiert.

Einen Umzugswagen hatte ich über eine E-Bay-Kleinanzeige
organisiert. Bis neun Uhr musste ich am nächsten Morgen alle
Umzugssachen aus dem 4. Stock nach unten bringen. Den Wecker stellte ich auf sieben Uhr. Schließlich schlief ich doch ein,
erschöpft von den ganzen Vorbereitungen.

Am Umzugsmorgen saß ich vor meiner Müslischale, die mir
Mirko zu Weihnachten geschenkt hatte, am Küchentisch und
machte einen Plan, in welcher Reihenfolge ich meine Sachen
runterbringen sollte. Ich war bereits schweißgebadet vom Kisten-
runterschleppen, als es klingelte. Linda, eine Freundin aus der
Nachbarschaft, stand mit belegten Brötchen und Kaffee an der
Tür und bot mir ihre Hilfe an. Plötzlich hatte ich noch zwei zu-
packende Hände, und gemeinsam schafften wir rechtzeitig alle
Sachen nach unten. Ich musste nur noch meine Gazelle, die mich
all die Jahre zur Arbeit gebracht hatte, aus dem Keller holen.

Nachdem ich mich von Linda verabschiedet hatte, wollte ich noch einmal hoch und nachsehen, ob tatsächlich alle Sachen unten waren. Jetzt hieß es Abschiednehmen von meiner wunderschönen Altbauwohnung im Herzen Hamburgs. Ein Ort, den ich nach meinen Wünschen und Träumen eingerichtet hatte. Eine schöne offene Küche in Weiß und die indischen Möbel aus dunklem Holz mit eingravierten Pfauen und Elefanten auf dem goldenen Metallblatt. Ein alter Hamburger Kachelofen aus dunkelgrünen Kacheln und die goldene Lampe mitten im Wohnzimmer. Ein dunkelbraunes Sofa, ein Geschenk des srilankanischen Honorarkonsuls Olav Ellerbrock, der einzigartige Sofatisch aus bunten Kacheln und, nicht zu vergessen, der persische Teppich, den ich bei E-Bay erstanden hatte.

Ich holte tief Atem und strich unbewusst über den Esstisch in der Küche und musste an die vielen schönen Stunden in mei-

Mein Zuhause in Hamburg

ner Wohnküche denken. An freien Samstagen kamen Freunde aus meiner Hamburger Schulzeit, meinem Studium in Lübeck oder aus der Klinik zu einem großen Brunch oder zum Abendessen, bei dem ich mein »Chicken Curry« kochte, und als Nachspeise Eis mit heißen Beeren servierte. Die Freunde kamen aus aller Welt, sich sprachen neben Deutsch Englisch, Portugiesisch, Spanisch oder Französisch. Diese Treffen bedeuten für mich Lebensqualität.

Lange konnte ich mich mit der Erinnerung aber nicht aufhalten, denn unten wartete der Umzugsfahrer auf mich. Also schnell die Treppen runter.

Der Umzugsfahrer hieß Ali, und wir unterhielten uns die ganze Fahrt über. Ali erzählte mir von seiner Kindheit in Altona, von seinem Vater, der in jungen Jahren als Gastarbeiter aus der Türkei gekommen war, und von seiner Mutter, die bis zur Heirat in der Türkei gelebt hatte. Er selbst war Deutscher. Er sprach ohne Akzent, Deutsch war seine Muttersprache. Er hatte ein BWL-Studium abgeschlossen und danach mit einem früheren Schulfreund ein Umzugsunternehmen gegründet. Jetzt waren sie dabei, im norddeutschen Raum Fuß zu fassen.

Ali konnte nicht verstehen, dass ich – wie er annahm – freiwillig nach Bayern ziehen wollte. Ich klärte den Irrtum auf. Niemals hätte ich Hamburg freiwillig verlassen, sondern einzig und allein aus beruflichen Gründen. Die Situation von jungen Deutschen mit Migrationshintergrund, ihre Möglichkeiten und Schwierigkeiten in unsere Gesellschaft waren Hauptgesprächsstoff während der Fahrt. Wir waren uns einig, dass es für junge Menschen mit Migrationshintergrund im Vergleich zu »Bio-Deutschen« sehr viel schwerer ist, die Karriereleiter hochzusteigen. Es reicht nicht, Deutscher zu sein, man muss auch deutsch aussehen. Mit dunkler Hautfarbe wird man trotz deutschem Pass von den meisten als Ausländer wahrgenommen. Das galt auch für Ali und für mich.

Wir sprachen auch darüber, warum ich in den sieben Jahren als Assistenzarzt am Universitätsklinikum Hamburg-Eppendorf nicht zum Herzchirurgen ausgebildet wurde. Ein anderer Kollege mit Migrationshintergrund wurde erst nach neun Jahren zum Facharzt ausgebildet, während zwei junge Kollegen, »Bio-Deutsche«, in der von der Ärztekammer vorgegebenen Zeit ihren Facharzt machen konnten. Ich selbst musste mir schon Kommentare von Führungspersonen in der Klinik anhören wie: »Du solltest froh sein, dass du in Deutschland überhaupt eine Stelle in der Herzchirurgie bekommen hast.« Ali fand eine solche Äußerung eindeutig fremdenfeindlich und diskriminierend.

Ich widersprach. Ich möchte mich nicht als ein Opfer von Diskriminierung sehen, eher als Opfer unseres Ausbildungssystems, als ein Opfer unserer Politik. Die meisten Assistenzärzte in der Weiterbildungszeit zum Facharzt werden so behandelt wie ich. Hunderte von jungen Assistenzärzten beginnen nach ihrem Studium eine Weiterbildung zum Facharzt und verlassen nach Jahren frustriert, ohne ausgebildet worden zu sein, die Kliniken, während die Politik, das heißt in erster Linie die Bundesärztekammer, bewusst diese undemokratische, unmoralische, unterdrückende Praxis ignoriert. Die Lobby der Klinikdirektoren und der Fachgesellschaften spielt dabei eine wesentliche Rolle. Die Funktionäre in der Ärztekammern fürchten zu sehr um ihre eigene Position, um das Thema anzupacken und eine gerechte Lösung für die Facharztausbildung durchzusetzen.

Ich frage mich, warum die Landesärztekammern Kliniken die Ausbildungsbefugnis erteilen, die tatsächlich keine geregelte Ausbildung durchführen. Die Ärztekammern müssten die Ausbildungskliniken kontrollieren. Die meisten Klinikdirektoren verhalten sich selbstherrlich. Sie halten Assistenzärzte in Abhängigkeit und achten auch nach deren Facharztausbildung darauf, dass sie nicht alle Operationen lernen, damit sie sich nicht als Oberärzte wegbewerben können. Ein grober

Missstand, der nur durch politische Entscheidungen behoben werden kann.

Eine Einzelperson wie ich kann dabei nur verlieren, denn jeder Widerstand gegenüber dem herrschenden System in der Weiterbildung kann dazu führen, dass ich meinen Facharzt in Herzchirurgie nicht bekommen werde.

Wir verließen die Autobahn A7 und fuhren durch die wunderschöne bergige Landschaft der Rhön, auf kurvenreichen Straßen durch viele kleine Dörfer. Kühe auf grünen Wiesen, Traktoren auf den Feldern und Gärten mit all den Obstbäumen. Ich genoss die Aussicht an diesem sonnigen Tag.

Dann sah ich zum ersten Mal den Namen »Bad Neustadt« auf einem Straßenschild, nur noch wenige Kilometer entfernt. Wir hatten die Rhön hinter uns gelassen, und ich konnte bereits von Weitem meinen zukünftigen Arbeitsplatz »Rhönklinikum« auf dem Hügel in Bad Neustadt sehen. Nach über vier Stunden Fahrt brachte Ali mich zu meinem neuen Domizil in der Poststraße. Zum Haus gehörten ein großer Garten mit Apfelbäumen und drei Garagen, wovon eine für meine Gazelle reserviert war, denn schließlich war ich kein Autobesitzer.

Ali und ich holten die Kisten und mein Gazelle aus dem Transporter und stellten alles vor der Haustür ab. Ich verabschiedete mich von Ali und sagte, dass ich hoffe, ihn möglichst bald, nämlich nach Abschluss meiner Facharztausbildung, für meinen Rücktransport nach Hamburg brauchen werde. Mit einem festen Händedruck verabschiedete sich Ali von mir und Bad Neustadt.

»Dr. Arunagirinathan« stand bereits auf dem Briefkasten und dem Klingelschild. Ich fand den »Dr.« ungewöhnlich, ein akademischer Titel hat für mich an einer Tür nichts zu suchen, aber vielleicht ist das in Franken so üblich. Wie der Makler mir gesagt hatte, fand ich den Hausschlüssel unter einem bestimmten Blumentopf. Ich brachte eine Kiste nach der anderen in die Wohnung im 2. Stock.

Es war bereits später Nachmittag, als ich alles nach oben geschafft hatte. Ich war hungrig und machte mich auf den Weg in die Stadt. Nach einer kurzen Strecke, vorbei an einem Flüchtlingsheim, stand ich auch schon mitten auf dem Marktplatz. Bad Neustadt schien ein kleines, übersichtliches Städtchen zu sein. Ich machte einen Rundgang und schaute mir neugierig die Geschäfte am Marktplatz an. Alle notwendigen Geschäfte waren vorhanden. Ich fand auch einen Dönerladen und hatte das Gefühl, zu Hause zu sein. Zwar war der Geschmack des Döners hier nicht zu vergleichen mit dem Döner am Steindamm, in der Nähe des Hamburger Hauptbahnhofs, aber mein Hunger war gestillt.

Am nächsten Tag ging ich ins Rathaus, um mich in Bad Neustadt anzumelden. Ich öffnete die Tür des Bürgerbüros, die aus durchsichtigem Glas bestand, und schaute in den Wartebereich mit vier unbesetzten Stühlen. Ich suchte nach einem Automaten für Wartenummern und hielt vorsichtig nach einem Mitarbeiter Ausschau. Es gab insgesamt fünf Arbeitsplätze, von denen drei mit Frauen besetzt waren. Ich fragte nach einer Wartenummer. Eine der Mitarbeiterinnen sagte, dass es keine Wartenummer gebe und ich sofort drankomme. Es dauerte keine fünf Minuten, und ich war in Bad Neustadt gemeldet, natürlich nur mit Nebenwohnung, denn schließlich wollte ich meinen Status als Hamburger nicht aufgeben.

Danach machte ich mich mit meinen beiden bunten Stofftaschen, einer roten mit der Aufschrift »Lange Nacht der ZEIT« und einer dunkelblauen mit der Aufschrift »Universität Hamburg« (um zu zeigen, woher ich komme) auf den Weg zum Einkaufen. Mit dem Handy in der linken Hand als Stadtführer suchte ich »Aldi Süd«. Am Bahnhof vorbei überquerte ich gerade einen Kreisverkehr, als ich plötzlich eine laute Stimme »Hey Kollege« rufen hörte. Ein großer BMW-Geländewagen hielt etwa zehn Meter vor mir an, und Dr. Sodah stieg aus. Er freute sich, mich zu sehen. Dr. Sodah war ein jüngerer Kollege, der als Assistenzarzt nach Deutschland gekommen war und innerhalb von sieben Jahren seine Facharztausbildung in Bad Neustadt abgeschlossen hatte. Ich war ihm zum ersten Mal am Tag meines Vorstellungsgesprächs begegnet.

Einen kurzen Moment dachte ich, ich wäre zu Hause, denn in Hamburg begegnete ich häufig Bekannten oder Freunden auf der Straße, aber hier in Bad Neustadt hätte ich nicht erwartet, so schnell einem Bekannten zu begegnen. Ich war sehr überrascht und freute mich, doch nicht ganz allein zu sein in dieser fremden Umgebung. Auf dem Weg in die Poststraße grüßte ich die Leute, die mir begegneten, aber keiner von ihnen grüßte zurück. Vielleicht haben sie mein »Moin Moin« nicht als Gruß verstanden, oder sie waren es nicht gewohnt, von einem Fremden gegrüßt zu werden.

An meinem ersten Arbeitstag holte ich meine Gazelle aus der Garage und fuhr durch den Kurpark zum Rhönklinikum. Als Radfahrer aus dem Flachland schaffte ich es jedoch nicht, den Berg zur Klinik hinaufzufahren. Mittendrin musste ich absteigen und meine Gazelle hoch schieben.

Der Personaloberarzt führte mich durch die Klinik, und anschließend erledigte ich in der Personalabteilung die Formalitäten. Zwischen zwei Operationen kam Professor Diegeler und machte mit mir eine Runde durch die Klinik und stellte mich allen wichtigen Führungspersonen vor, was mir den Start in der fremden Klinik erleichterte.

Am Ende fehlte mir noch ein Namensschild. Die Mitarbeiterinnen im Chefsekretariat erklärten mir freundlich, dass es für die Patienten wichtig sei, dass sie den Namen des Arztes lesen und aussprechen können. Ein Namensschild »Dr. med. Arunagirinathan« wäre für viele Patienten zu schwierig. Daher schlug ich »Dr. med. Umes« vor. Von da an war ich Dr. Umes, und es fühlte sich vertraut an, denn im Uniklinikum in Hamburg wurde ich ebenfalls so genannt.

Im Gegensatz zur Bevölkerung von Bad Neustadt sind die Ärzte in unserer Abteilung überwiegend Nichtdeutsche. Über sechzig Prozent des ärztlichen Personals in der Herzchirurgie kommen aus dem Ausland. Zum internationalen Ärzteteam gehören neben den deutschen Ärzten Kollegen aus Polen, Frankreich, Äthiopien, Griechenland, Syrien, Palästina, Mazedonien, Rumänien, Tschechien, China und Indien.

In den ersten Monaten, in denen ich keine Dienste zu machen brauchte, verbrachte ich jedes Wochenende in Hamburg. Wenn ich dann am Sonntagabend Richtung Süden fuhr, war ich traurig. Ich vermisste meine Runden um die Außenalster nach Feierabend, meine Freizeit mit Freunden, meine Stadt Hamburg. Wenn jemand mich fragte, wie es mir gehe, sagte ich oft, dass ich Liebeskummer habe. Das Gefühl, nicht in Hamburg zu sein und allein in einer fremden Umgebung arbeiten zu müssen, fühlte sich für mich nicht anders an als damals, als mein Freund mich verlassen hatte. Liebeskummer kennt fast jeder, aber nicht das Gefühl, die Heimat verlassen zu müssen. Besser konnte ich meinen Zustand nicht beschreiben. Liebeskummer ist ein emotionaler Krankheitszustand, der nur mit der Zeit geheilt werden kann. Ich hatte also keine andere Wahl, als geduldig die Zeit abzuwarten.

Zwischen Weihnachten und Neujahr besuchte mich meine Patentante Alex, die Frau meines Patenonkels Lorenz Köhler aus Hamburg, und verbrachte zwei Tage mit mir in Bad Neustadt. Als sie sich von mir verabschiedete, sagte sie: »Umes, das hier ist nicht deine Stadt, du bleibst nicht ewig hier. Aber es geht um deine Ausbildung, und du wirst bald als Herzchirurg nach Hamburg zurückkommen.« Ja, sie hat recht, man muss manchmal im Leben auf einiges verzichten, um sein Ziel zu erreichen. Ich verzichtete auf Lebensqualität und Geld, um ein guter Herzchirurg zu werden.

Zu Beginn verbrachte ich meine Freizeit oft im Fitnessstudio. Eines Tages fragten einige Frauen, die überrascht waren, einen

Dunkelhäutigen im Fitnessstudio zu sehen, eine Trainerin, wie ich überhaupt ins Fitnessstudio reingekommen sei. In der Umkleide drehte sich ein älterer Herr nach mir um und sagte: »Du nix Sauna!?« Ich schaute mich um, und da ich außer mir keinen anderen im Raum sah, musste er mich gemeint haben. Ich verstand nicht, was der Mann mit »Du nix Sauna!?« mir sagen wollte. Wollte er mich fragen, ob ich mit in die Sauna gehe, oder wollte er mir mitteilen, dass ich nicht in die Sauna gehen darf? Ich fragte ihn, was er mir sagen möchte. »Ah, du verstehst unsere Sprache. Ich dachte, du bist ein Asylant.«

Ich antwortete dem Mann, dass ich ein ehemaliger Asylbewerber sei, inzwischen aber aus Hamburg komme. Es war keine angenehme Situation, und ein bisschen schämte ich mich für den Mann, als er mir sagte: »Du, das war nicht böse gemeint, ich dachte, du bist ein Asylant und verstehst unsere Sprache nicht. Ich bin Lehrer an der Schule und unterrichte Deutsch für ausländische Schüler.« Ich konnte es kaum fassen. Er müsste doch wissen, wie wichtig es ist, mit Asylbewerbern und Flüchtlingen korrektes Deutsch zu sprechen, damit sie die Chance bekommen, die Sprache richtig zu lernen. Und es müsste ihm auch klar sein, wie diskriminierend es ist, Asylbewerber einfach zu duzen.

Häufig erlebe ich in Bad Neustadt, dass Menschen ganz überrascht sagen: »Du sprichst aber gut Deutsch.« Jedes Mal antworte ich, dass ich aus Hamburg komme, und wir dort auch deutsch sprechen. Meist endete das Gespräch mit einem Lachen. In der Regel sind diese Menschen eher neugierig als fremdenfeindlich. In Hamburg werde ich seltener mit einer solchen Aussage konfrontiert, schließlich leben in der Hansestadt, anders als in Franken, viele Deutsche mit dunkler Hautfarbe. Mir zeigen diese Fragen aber jedes Mal aufs Neue, dass ich immer noch als Fremder wahrgenommen werde.

Meine Kollegen in der Klinik waren überrascht, dass ich mit siebenunddreißig Jahren noch keinen Führerschein besaß. Als ich studierte, hatte ich nicht das Geld dafür. Später, als ich bereits als Assistenzarzt arbeitete, hatte ich das Geld, aber nicht die Zeit. Der Dienst begann um sieben Uhr morgens, und ich wusste nicht immer, wann Feierabend sein würde. Außerdem brauchte ich in Hamburg kein Auto, denn der öffentliche Verkehr funktioniert hervorragend, und mit meiner Gazelle kam ich fast überall problemlos hin.

In Bad Neustadt dagegen, wo abends bereits ab 19 Uhr kaum noch Busse oder Bahnen fahren, kommt man sich ohne Auto verloren vor. Besonders, wenn ich Rufdienst oder Nachtdienst habe, komme ich nur noch zu Fuß in die Klinik beziehungsweise nach Hause. Und der nächtliche Heimweg durch den Kurpark ist nur bei gutem Wetter angenehm. Ich beschloss, den Führerschein zu machen, und informierte mich über Fahrschulen. Im Internet wurde, nicht weit von der Poststraße entfernt, die Fahrschule »Haid« empfohlen. Die Mutter der Fahrschulbesitzerin, Agnes Haid, begrüßte mich, und nach dem ersten Wortwechsel war mir klar, dass sie ebenfalls den berühmten Satz: »Du sprichst aber gut Deutsch«, sagen würde. Nachdem geklärt war, dass ich Hamburger bin, organisierte die wunderbar talentierte Agnes Haid, die wie ein Wasserfall redet, dabei aber nie den Überblick verliert, alle Termine für den Theorieunterricht. Parallel zum Theorieunterricht durfte ich zuerst bei einer Mitarbeiterin, dann bei der Chefin und am Ende bei Hans-Jürgen Haid, Agnes' Ehemann, die praktischen Stunden nehmen. Ein ungeduldiger, schreiender Fahrlehrer, der einen genialen Humor besitzt, und mich immer wieder zum Lachen brachte. Eine ungewöhnliche Situation, nach Jahren wieder die Rolle eines Schülers einzunehmen, und das mit siebenunddreißig Jahren. Die Theorieprüfung stand kurz bevor, und die Aufregung war genauso groß wie vor einer Klausur im Studium. Ich war sehr erleichtert, als ich die Theorie erfolgreich bestanden hatte und der Termin für die praktische Prüfung feststand. Am 23. Dezember 2015, morgens um 7.30 Uhr, stand ich auf dem Gelände des TÜV Süd und betete zur Göttin »Kannarai Amma« aus dem Tempel im Dorf meiner Mutter.

Aufgeregt saß ich nach einem kurzen Einweisungsgespräch durch den Prüfer auf der Fahrerseite, während Hans-Jürgen Haid rechts vorne saß und der Prüfer mir im Nacken auf dem Rücksitz. Im 1. Gang fuhr ich vorsichtig aus dem TÜV-Gelände auf die Straße. Gleich an der ersten Ampel blieb das Auto stehen, ich hatte den Motor abgewürgt. In diesem Augenblick dachte ich, alles wäre verloren und vorbei, doch ich startete neu und fuhr los. Es war eine nervenaufreibende Fahrt. Nach einer gefühlten Ewigkeit fuhr ich langsam im 1. Gang auf das TÜV-Gelände zurück und parkte das Auto. Nachdem die Handbremse angezogen und das Licht ausgestellt war, nahm ich den Schlüssel in die Hand und warf einen letzten »prüfungsrelevanten« Blick über die linke Schulter, bevor ich die Tür öffnete. Dann stand ich neben dem Auto. Der Prüfer stieg ebenfalls aus und drückte mir meinen Führerschein in die Hand. Mein Weihnachtsgeschenk. Der Umzug nach Franken hatte mir als ein erstes positives Ergebnis einen Führerschein beschert, den ich in Hamburg sicher noch nicht gemacht hätte.

Nun brauchte ich nur noch ein Auto, wovon ich überhaupt keine Ahnung hatte. Meine Nachbarn Wolfgang und Joe fragte ich jedes Mal, wenn ich bei mobile.de ein Auto gut gefunden hatte, ob ich es kaufen solle. Meine Arztkollegen kennen außer BMW und Mercedes vielleicht noch Audi, aber die Schwestern auf meine Station H5 sagten, ich solle einen VW Golf kaufen. Das sei für einen Anfänger das beste Auto. Die Idee fand ich gut, und meine Nachbarn stimmten zu.

In Hausen in der Rhön wurde ein Golf IV Automatik angeboten. Joe und Wolfgang fanden das Angebot vielversprechend und machten einen Besichtigungstermin für mich. Zu dritt fuhren wir in die Rhön und schauten das dunkelblaue Auto an.

Nach einer Probefahrt und der Überprüfung aller Papiere durch Wolfgang und Joe durfte ich eine Probefahrt machen. Am Ende bekam ich ein positives Signal. Seitdem steht meine Gazelle nicht mehr allein in der Garage. Plötzlich war ich unabhängig von Bus und Bahn, und ich erlebte ein Gefühl von Freiheit und von Luxus, jederzeit und überall hinfahren zu können.

Beim Stadtlauf in Bad Neustadt, 2017

Ich besuchte jetzt meinen Kollegen Ayman regelmäßig, der mit seiner Familie in einem Dorf bei Bad Neustadt lebt. Die bis dahin fremde Umgebung von Bad Neustadt wurde mir durch die Ausfahrten mit dem Auto vertrauter. Ich besuchte auch Professor Babin-Ebell, Oberarzt und mein Mentor, den ich aus meiner Studienzeit in Lübeck kannte. Als ich in der Herzchirurgie an der Uniklinik Lübeck einen Job in der Pflege hatte und dort mein praktisches Jahr absolvierte, fragte er mich, ob ich Interesse hätte, mit nach Bad Neustadt zu kommen. Wäre ich im Jahr 2008 mit ihm nach Bad Neustadt gegangen, wäre ich längst Herzchirurg geworden. Manchmal bereue ich die Entscheidung, die ich damals getroffen habe. Aber ich wollte unbedingt am UKE in Hamburg arbeiten. Als ich mich nach über sieben Jahren ohne operative Ausbildung am UKE verzweifelt an ihn wandte, holte er mich aus Hamburg nach Franken. Jetzt sind wir zwei Norddeutsche in Franken, denn der Oberarzt selbst kommt aus Schleswig-Holstein.

Das Gefühl, fremd in Franken zu sein, nahm Monat für Monat ab. Gemeinsame Freizeitgestaltung, wie das Grillen mit dem Kunstherzteam im Garten von Professor Babin-Ebell oder das Baumfällen bei meinem Kollegen Ayman, gemeinsam mit Babin-Ebell und meiner Kollegin Alaa, half dabei. Der Oberarzt mit der Kettensäge in der Hand und dem Plan im Kopf, wie der Baum Ast für Ast gefällt werden musste. Und beim jährlichen Stadtlauf in Bad Neustadt ging ich für das Rhönklinikum an den Start. Meine Integration schritt zügig voran.

Alleine in meiner Wohnung vermisste ich das WG-Leben. Jahrelang habe ich mit anderen Menschen in einer Wohngemeinschaft gelebt. Über eine E-Bay-Kleinanzeige suchte ich einen Untermieter für ein Zimmer, das ich kaum benutzte. Drei Leute interessierten sich für das Zimmer, darunter eine Sozialarbeiterin, die ein Zimmer für einen 18-jährigen Flüchtlingsjungen aus Syrien suchte.

Es war die Zeit, in der viele Flüchtlinge aus Syrien und Nordafrika nach Deutschland kamen. Die unbegleiteten minderjährigen Flüchtlinge wohnten in betreuten Unterkünften, und wenn sie 18 Jahre alt wurden, mussten sie die betreute Unterkunft verlassen und ein Zimmer oder eine Wohnung finden oder mit anderen Flüchtlingen in ein Heim ziehen. Die Sozialarbeiterin schilderte mir das Problem. Es sei sehr schwer, in Bad Neustadt für Flüchtlinge Zimmer oder Wohnungen zu finden, weil die meisten Vermieter nur an Deutsche vermieten wollten. Für mich, als ein ehemaliger minderjähriger unbegleiteter Flüchtling, war es selbstverständlich, an den Jungen aus Syrien mein Zimmer zu vermieten, denn wer sollte in so einer Situation helfen, wenn nicht ich, der die Schwierigkeiten bei der Wohnungssuche vor Jahren selbst erlebt hatte.

Ich vereinbarte mit der Sozialarbeiterin und dem jungen Flüchtling einen Besichtigungstermin. Achmed schaute sich die Wohnung und das Zimmer an, das ich vermieten wollte, und machte ein sehr unglückliches Gesicht. Er schien sich nicht darüber zu freuen, obwohl er monatelang versucht hatte, ein Zimmer zu bekommen. Ich verzichtete auf eine Mietsicherheit und war damit einverstanden, dass die erste Monatsmiete erst Wochen nach dem Einzug vom Amt bezahlt werden sollte, nachdem der ganze Papierkram erledigt war. Achmed sprach kaum Deutsch, aber ich sah ihm sofort an, dass er das Zimmer eigentlich nicht haben wollte. Ich fragte ihn, was los sei. Er antwortete mit traurigem Blick in seinem gebrochenen Deutsch: »Eigene Wohnung besser.«

Ich war überrascht und etwas sprachlos, denn er war als Kriegsflüchtling gekommen, der vor allem Schutz für Leib und Leben suchte. Die Sozialarbeiterin versuchte, Achmed von seiner Vorstellung abzubringen. Sie sei schon seit über drei Monaten auf der Suche nach einem Zimmer für ihn, und er habe keine andere Möglichkeit, als das Zimmer von mir zu nehmen.

Niemand sonst sei bereit gewesen, einem Flüchtlingsjungen ein Zimmer zu vermieten. Es war ihr so unangenehm, denn sie sah mir meine Enttäuschung an und hatte Angst, dass ich das Zimmer anderweitig vermieten würde.

In etwas barschem Ton fragte ich ihn, wer für seine Wohnung bezahlen solle. Er antwortete ganz selbstverständlich: »Deutschland«. Ob er wisse, woher Deutschland das Geld nehme. Er zuckte nur mit den Schultern. Ich erklärte ihm, dass die Menschen in Deutschland Steuern zahlen und eine Wohnung für ihn aus Steuereinnahmen finanziert werden müsse. Ohne ihm Zeit für eine Antwort zu lassen, fügte ich hinzu, dass sich in Deutschland nicht alle Menschen eine eigene Wohnung leisten könnten. Besonders junge Menschen in seinem Alter, Studenten oder Auszubildende, teilten sich Wohnungen mit mehreren Leuten, lebten in Wohngemeinschaften.

Ich sah ihm an, dass er sich bisher kein Gedanken darüber gemacht hatte, wie das Ganze finanziert wurde. Eine Mischung aus Unkenntnis und Fehlinformationen, die er in Syrien erhalten hatte. Ich war ziemlich aufgebracht, musste mich aber beherrschen, denn ich fühlte ich mich in der Pflicht, ihm in sachlichem und ruhigem Ton die nötigen Informationen zu geben.

Er stimmte schließlich dem Einzug zu. Ich lud meine Nachbarn aus dem Haus zu einem gemeinsamen Abendessen ein, damit sie den fremden Jungen aus Syrien als neuen Mitbewohner kennenlernen konnten. Er hatte keine Bettwäsche, ich stellte ihm mein Besucherbettzeug zur Verfügung. Jeden Abend wusch er seine getragenen Socken im Waschbecken und legte sie zum Trocknen auf die Heizung. Natürlich hatte er kaum Kleidung dabei. Am meinem nächsten freien Tag ging ich zum Marktplatz und kaufte bei C&A sieben Paar Socken, Unterwäsche, zwei T-Shirts und einen Pullover und überraschte ihn damit, als er von der Schule nachmittags nach Hause kam.

Wenn ich die Toilette benutzte, stellte ich regelmäßig fest, dass die Klobrille Urinflecken hatte. Nachdem ich auch noch eine Urinpfütze auf dem Boden neben der Toilette entdeckt hatte, sprach ich Achmed direkt darauf an. Ich bat ihn dringend, im Sitzen zu pinkeln. Es war ihm sehr unangenehm, anscheinend hatte ihn bisher niemand auf das Thema angesprochen. Auch die Küche war überall schmutzig. Der Junge hatte vermutlich zu Hause in Syrien nie in der Küche mithelfen oder das Bad putzen müssen. Die Mutter und die Schwestern werden das alles erledigt haben. Für Achmed war alles neu, und er musste vieles erst lernen. Aber es ärgerte mich, weil ich mit zwölf Jahren bereits wusste, wie ich die Küche oder das Bad nach Benutzung zu verlassen hatte. Nur durfte ich das bei anderen nicht einfach voraussetzen. Woher sollte der Junge die Regeln des Hauses kennen, wenn sie ihm niemand erklärte.

Mit Begeisterung zeigte er mir immer die Aufgaben, die er in seinem Integrationskurs gelöst und was er neu gelernt hatte. Sein Wunsch war, eine Arbeit zu finden und Geld zu verdienen. Da er täglich viel Freizeit hatte, war das auch möglich. Ich fand es auch richtig, dass er eigenes Geld verdiente, um unabhängiger zu sein. Gemeinsam suchten wir nach einem Job für ihn. Das war nicht einfach bei seinen beschränkten Deutschkenntnissen. Als ich ihn darauf hinwies, dass er seinen Verdienst beim Amt anzeigen müsse und er vom Amt dann weniger Geld bekomme, reduzierte das spürbar seine Motivation, einen Job zu finden. Ich versuchte, ihn für die weitere Suche mit den Argumenten zu gewinnen, dass ein Job nicht nur Geld bringe, sondern auch für das Erlernen der deutschen Sprache gut sei, und er durch die Arbeit Freunde finden könne, neben der Schule die besten Voraussetzungen für die Integration.

Eines Abends, als wir gemeinsam in der Küche standen, sagte er, dass die deutschen Frauen Schlampen seien. Das schockierte mich. Ich fragte ihn, wie er darauf komme. Er kenne einige deutsche Mädchen, die mit verschiedenen Männern geschlafen hätten. Auf meine Frage, mit wie vielen Mädchen er bisher in Deutschland geschlafen habe, machte er große Augen und antwortete bestimmt: »Ich bin ein Mann!« Ich konnte das so nicht stehen lassen und erklärte, dass in Deutschland Männer und Frauen gleichberechtigt sind. Dass wir eine Frau als Kanzlerin haben und Frauen Führungspositionen einnehmen können. Ich sah ihm an, dass ihm das fremd war. Als er mit dem Thema Homosexuelle anfing, habe ich das Gespräch rasch auf ein anderes Thema gelenkt.

Zu seinen Wünschen gehörte auch ein eigenes Fernsehgerät. Ich suchte bei E-Bay nach einen gebrauchten Gerät. Alle Angebote, die ich ihm zeigte, fand er nicht gut und sagte, dass ihm ein großer Flachbildschirm gefallen würde. Meine Nachbarin stellte einen Fernseher zur Verfügung, den sie nicht mehr brauchte.

Nachdem ich ihn einige Wochen beobachtet hatte, sagte ich zu ihm: »Achmed, du hast nie im Leben einen Krieg erlebt!« Er sah mich groß an und fragte, wie ich darauf komme. Ich antwortete ihm, dass eine Person, die Krieg und Todesangst erlebt habe, niemals solche Ansprüche stellen würde wie er. Darauf erzählte er mir, dass er aus dem Norden Syriens komme, zur kurdischen Minderheit gehöre und tatsächlich keinen Krieg erlebt habe, seine Heimatregion aber auch durch den IS gefährdet gewesen sei. Ich wollte seine Fluchtgründe nicht in Frage stellen. Ich kann alle Eltern verstehen, die ihre Kinder in Sicherheit zu bringen versuchen. Achmed hatte einfach Bedürfnisse wie jeder Jugendliche, egal ob Flüchtling oder Deutscher. Ich begriff, dass es für ihn nicht einfach war, mit einem 37-Jährigen zusammen zu wohnen. Ich organisierte mit meinem Nachbarn Wolfgang eine Wohngemeinschaft, wo er mit zwei Freunden, die er aus dem Integrationskurs kannte, wohnen konnte.

Achmed war bereits ausgezogen, als ich aus dem Urlaub zurückkam. In seinem Zimmer fand ich zwei Tüten voller Kleidung und Handtücher, die meine Vermieterin Karin ihm geschenkt hatte, weil er nur ein Handtuch besessen hatte. Traurig war ich, als ich das T-Shirt und den Pulli, die ich ihm gekauft hatte, ebenfalls in einer der Tüten fand. Als ich ihn anrief, sagte er: »Das ist Müll, kannst wegschmeißen.« Ich forderte ihn auf, in die Wohnung zu kommen und seinen Müll selbst zu entsorgen. Außerdem solle er die guterhaltene Kleidung und die Handtücher anderen Flüchtlingen schenken, statt sie wegzuwerfen. Ich hätte ahnen können, dass ihm die Sachen nicht gefallen haben, weil er mich schon damals gefragt hatte, warum ich keine Markensachen trage und bei C&A kaufe. Aber deshalb Markensachen für ihn zu kaufen, war mir nicht in den Sinn gekommen.

Immer wieder war ich im Umgang mit dem 18-jährigen Flüchtling überfordert, und bat aus Verzweiflung die Mutter meines Patenkindes aus Rosenheim um Rat. Sie berichtete Ähnliches aus ihrer Tätigkeit als Sozialarbeiterin in einem betreuten Wohnheim für jugendliche Flüchtlinge. Wir dürften nicht vergessen, dass wir es mit normalen Kindern oder Jugendlichen zu tun hätten, und wir sollten sie nicht nur als Flüchtlinge betrachten.

Aus Neugier und auch einem Rest von Verantwortungsgefühl rief ich Achmed Monate nach seinem Auszug an und lud ihn in ein Café ein. Er sprach schon besser Deutsch und arbeitete gelegentlich als Dolmetscher für einen Sozialverein, was mich freute. Er war bereit, eine Ausbildung zu machen, und ich bot ihm meine Unterstützung für den Notfall an. Wir verabschiedeten uns mit einer Umarmung.

Nun bin ich im neunten Ausbildungsjahr in der Herzchirurgie und bereits zwei Jahre in Bad Neustadt. Noch ist ungewiss, wann ich meine Ausbildung zum Herzchirurgen beenden werde.

Ich war zum Skifahren nach Königsleiten in Österreich gefahren. Nach sieben Nächten auf der Intensivstation verbrachte ich dort meine freien Tage mit Kolleginnen und Kollegen von der Pflege. Als ich von einer Schwester unserer Klinik gefragt wurde, ob ich Lust hätte, mit zum Skifahren nach Österreich zu kommen, wurde bewusst, dass ich in der Klinik angekommen und für die Kolleginnen und Kollegen kein Fremder mehr war. Der Mensch kann nur dann glücklich in einem Land oder einer Gesellschaft sein, wenn er sich darin zu Hause fühlt und sich mit der Umgebung, in meinem Fall mit den Kollegen, identifiziert. Dank eines Skikurses, den mir mein damaliger Chef vor zwei Jahren geschenkt hatte, konnte ich sogar schon Ski fahren. Meine Kollegin Helga bemühte sich während die Tage in Königsleiten, meine Fahrkünste noch zu verbessern. Ich genoss die wunderschöne Landschaft, die Berge, die Sonne und den blauen Himmel. Das gab mir Kraft und Geduld, um meinen Kampf für den erfolgreichen Abschluss meiner Facharztausbildung zum Herzchirurgen weiterzuführen.

Die Taufe

Ich hatte gerade meinen 24-Stunden-Dienst hinter mir und stand nun auf dem Bahnhof von Bad Neustadt und wartete auf den Zug Richtung Würzburg. Ich fuhr zur Taufe meines Patenkindes nach Rosenheim. Vom Bahnhof aus konnte ich die Klinik sehen, in der wahrscheinlich die meisten Herzoperationen in Bayern durchgeführt werden. Selbst der Kaiser würde sich hier operieren lassen, so gut ist ihr Ruf. Ich bin stolz darauf, hier Arzt zu sein.

Wenn ich die medizinische Versorgung von Herzkranken in Deutschland mit der Gesundheitsversorgung auf Sri Lanka vergleiche, werde ich traurig. Im März 2017 besuchte ich zum ersten Mal den Süden Sri Lankas. Nach Beendigung des Bürgerkriegs nutzte ich als deutscher Tourist die Gelegenheit, auch diesen Teil der wunderschönen Insel kennenzulernen. Dabei versuchte ich auch, etwas über die Gesundheitsversorgung des Landes zu erfahren.

Als angehender Herzchirurg wollte ich eine herzchirurgische Abteilung besuchen. Mein Freund Georg aus Colombo, der mit seinem Onkel eine Augenklinik für die Ärmsten der Armen im Hochland leitet, vermittelte mir den Kontakt zu einem der bekanntesten Herzchirurgen des Landes. Auf Sri Lanka gibt es viele Privatkrankenhäuser und jeder, der bereit ist, eine Million Rupien zu zahlen, kommt schnell auf den OP-Tisch und erhält die nötige Herzoperation auf europäischem Niveau. Wenn man bedenkt, dass das durchschnittliche Monatseinkommen nicht mehr als zwanzigtausend Rupien beträgt, kann man sich vorstellen, wie gering die Zahl der Menschen ist, die sich hier eine solche Operation leisten können.

Ich war in Galle, einer von Touristen vielbesuchten Stadt im Süden von Sri Lanka, die vom holländischen Kolonialstil geprägt ist. Ich fand eine preiswerte Unterkunft. Nach dem Auspacken meines Rucksacks begegnete ich an der Rezeption einem freundlichen sechzehnjährigen Jungen mit traurigen braunen Augen, der die Zimmer der Gäste saubermachte, das Frühstück servierte und alle die anfallenden kleinen Arbeiten in der Unterkunft erledigte, von morgens sieben Uhr bis zehn Uhr abends. Dabei wurde er noch ständig von seiner Chefin angeschrien, ihre schlechte Laune musste der Junge täglich ertragen. Fünfzehntausend Rupien, umgerechnet etwa 90 Euro, verdiente er im Monat. Dazu bekam er drei Mahlzeiten und einen Schlafplatz, den er mit einem anderen Jungen teilte.

Diesen Jungen hatte ich ins Herz geschlossen, der mich auf Tamil »Anna«, großer Bruder, nannte. Sein Schicksal interessierte mich, und er erzählte mir von seinem Leben. Als er zehn Jahre alt war, seien seine Eltern erkrankt und ins Krankenhaus gebracht worden und dort gestorben. Er sei mit seinen beiden Annas aufgewachsen. Als ich ihn fragte, was sein Zukunftstraum sei, sagte er, eines Tages ein eigenes zu Hause zu besitzen, wo er mit seinen Annas gemeinsam wohnen könne. Seine Vorfahren waren von den Engländern als billige Arbeitskräfte für die Teeplantagen aus Südindien nach Sri Lanka ins Hochland gebracht worden, wo sie jahrelang als Staatenlose kein Recht zum Erwerb eines Grundstücks besaßen. Bis in die 1980er-Jahre hatte sogar die srilankanische Regierung versucht, die Nachkommen der Gastarbeiter nach Indien abzuschieben. Erst danach erhielten sie schrittweise die srilankanische Staatsbürgerschaft. Auf den Teeplantagen bekamen seine Eltern, wie die meisten Teepflücker, eine Unterkunft gestellt, die dem Arbeitgeber gehörte. Nie hätten sie sich ein Haus leisten können bei einem Tageslohn von etwa umgerechnet drei Euro. Am liebsten hätte ich dem Jungen ein Haus gebaut. Bevor ich auf mein Zimmer ging, steckte ich ihm Geld zu und wünschte ihm, dass sich eines Tages sein Traum erfüllt.

Mein Wecker klingelte um drei Uhr morgens, ich hatte kaum geschlafen. Rasch zog ich mich an, verließ die Unterkunft und machte mich auf die Suche nach einem »Tuk Tuk«, wie die Dreirad-Taxis hier heißen, um rechtzeitig um 3.45 Uhr im »Karapidya Teaching Hospital« zu sein, um Dr. Namal Gamage zu treffen. Wir sprachen Englisch miteinander, Singhalesisch habe ich nicht lernen können. Pünktlich um vier Uhr begann die erste Operation mit einem Hautschnitt. Es sah nach einem sehr eingespielten Team im OP Saal aus. Es wurde kaum gesprochen, außer dass Dr. Gamage mir Fragen stellte, wie wir in Deutschland am Herzen operieren und wie die gesundheitliche Versorgung organisiert ist. Es lagen nur wenige Instrumente auf dem Instrumententisch. Nicht zu vergleichen mit dem Instrumententisch in einem deutschen OP-Saal. Es waren fast alles Instrumente, die in unseren OP-Sälen längst aussortiert worden wären, hier aber noch Verwendung fanden. Die hygienischen Bedingungen waren der vorhandenen Infrastruktur und den Möglichkeiten der Klinik angepasst und nicht mit unserem Standard zu vergleichen.

Kurz nach acht Uhr verließ ich den OP-Saal, zwei Patienten waren bereits erfolgreich mit Bypässen versorgt worden. Am Ende der Operationen machte Dr. Gamage mit mir einen Rundgang durch die Intensivstation und ich erfuhr, dass allein in diesem Krankenhaus mehr als 3000 Patienten auf der Warteliste für eine Herzoperation stehen. Die meisten Patienten auf der Warteliste sind um die fünfzig Jahre alt. Herzchirurgie ist eine Luxuschirurgie, die sich nur wenige leisten können.

Der Regionalexpress aus Erfurt kam in Sicht und verdrängte meine Gedanken an den Aufenthalt in Sri Lanka. Auf der Fahrt nach Würzburg schaute ich aus dem Fenster und genoss den Blick auf die freie, weite Landschaft Unterfrankens.

Morgen sollte ich offiziell Patenonkel werden. Der 25. März 2017, das Taufdatum, ist durch die Zahl sieben mit meinem Geburtsdatum, dem 16. März, verbunden. Sieben ist die Quersumme beider Daten. In der hinduistischen Astrologie kommt der Quersumme eine große Bedeutung zu.

Das Geschenk für den Täufling Oskar, eine Spielmatte, hatte Heike, die andere Patin, schon für mich besorgt. In Würzburg hatte ich zehn Minuten Zeit zum Umsteigen, beinah hätte ich im Zug die Tragetasche mit meinem Tauf-Outfit vergessen. Eine dreiviertellange Lederhose in dunkelbraun und dazu passende Lederschuhe und die Socken, die ich von meinem Hamburger Mitbewohner Berndi und seiner Freundin Heike geschenkt bekommen hatte. Dazu ein weißes Trachtenhemd und eine leuchtend blaue Weste.

Ich nutzte die Umsteigezeit am Bahnhof und kaufte in der türkischen Bäckerei in der Eingangshalle eine Butterbrezel. Dann rannte zum Gleis 2, um rechtzeitig den ICE nach München zu erreichen. Im Zug fand ich einem der hinteren Wagen noch einen Sitzplatz, der nicht reserviert war.

Als gläubiger Hindu ist es für mich etwas Besonderes, Taufpate eines katholischen Kindes zu werden. Die katholische Kirche, besonders in Bayern, ist sehr traditionell, aber vielleicht auch nicht traditioneller als die hinduistische Religion, die veraltete Rituale praktiziert und die gesellschaftlichen Veränderungen ignoriert.

Die Welt hat sich verändert und wird sich weiter verändern, und die Religionen und Kulturen sollten das nicht länger ignorieren. Ein Deutscher muss nicht hellhäutig und Christ sein, sondern kann, wie ich, auch dunkelhäutig und Hindu sein. Auch wenn das noch nicht von allen akzeptiert wird. Für ein friedliches Zusammenleben müssten die Religionen Toleranz praktizieren. Die Kirche braucht sich keine Sorgen zu machen, dass sie Gläubige verliert, wenn sie gesellschaftliche Veränderungen wahrnimmt, sich für neue Aspekte öffnet und nicht länger an überholten Vorstellungen festhält. Ich bin dankbar und glücklich, dass der Priester aus Rosenheim zugestimmt hat, dass ich Verantwortung für ein christliches Kind übernehme. Vielleicht hat eine positive Veränderung schon begonnen.

In München musste ich ein letztes Mal umsteigen, in den Regionalexpress nach Kufstein. In der Ferne sah man schon die Berge vor einem leuchtend blauen Himmel. Für mich ist die Umgebung von Rosenheim die schönste Landschaft in ganz Deutschland.

In Rosenheim wurde ich von Andreas, dem Vater des Patenkindes, mit dem Auto vom Bahnhof abgeholt. Auf der Fahrt informierte er mich über den Ablauf der Taufe in der Wallfahrtskirche Schwarzlack. Wir fuhren direkt zu einem Gasthaus, wo die Verwandten untergebracht waren. Dort lernte ich die Cousinen und Tanten und die Großeltern Oskars kennen. Hungrig von der Bahnfahrt, freute ich mich über die Gulaschsuppe. Die Müdigkeit brachte einen Verwandten nach dem anderen dazu, auf sein Zimmer zu gehen. Bevor die letzten den Speisesaal verließen, gingen Andreas und ich ebenfalls nach Hause. Oskar war bereits im Bett, über das Babyfon war nichts zu hören, er schien friedlich zu schlafen. Birgit, Andreas und ich saßen am Küchentisch, während ich von meiner Sri Lanka Reise erzählte, von meiner Mutter und den Projekten des Sri Lanka Vereins Hamburg.

Am Morgen des Tauftages hoffen wir, dass die Sonne sich zeigen wird und keine Wolken aufziehen. Die Freude ist groß, als die ersten Sonnenstrahlen über die Berge kommen. Die Frauen tragen Dirndl, die Männer Lederhosen. Ein buntes Bild, wie auf einer indischen Hochzeit.

Mit dem Auto fahren wir ein Stück, dann folgt noch eine kleine Bergwanderung zum Taufort. Die Wallfahrtskirche steht auf einem Berg in Schwarzlack. Beim Schieben von Oskars Kinderwagen den Berg hinauf lerne ich die Grenzen meiner Kraft

Mit meinem Patenkind Oskar

kennen. Die ganze Familie strahlt wie die Sonne an diesem besonderen Tag. Wir stehen alle vor dem Eingang der Kirche und warten, bis der Priester in einem weißen Gewand aus der Kirche kommt und uns freundlich begrüßt.

Alle Paten bekommen die Gelegenheit, sich zur Bedeutung ihrer Patenschaft zu äußern. »Es ist meine Aufgabe als Patenonkel, Oskar auf seinem eigenen Weg zu begleiten und zu beraten und sein Selbstbewusstsein zu fördern. Ich möchte, dass er zu einem offenen Menschen, ohne Grenzen von Kultur und Religion, heranwächst. Dafür sorgen, dass er den Mut nicht verliert, wenn Hindernisse auftauchen.«

Der Priester geht in die Kirche, wir folgen ihm. Birgit, Heike und ich nehmen mit Oskar in der ersten Reihe Platz, während Andreas und der Patenonkel Markus mit der Musikgruppe »Bella Voce« für einen passenden musikalischen Rahmen sorgen. Der Priester liest aus der Bibel, Johannes-Evangelium 4: »Jesus und die Frau am Jakobsbrunnen«. Für mich ein besonderer Abschnitt, denn das Gespräch zwischen Jesus und der Samariterin ist ein Plädoyer für einen Dialog zwischen Fremden.

Ein Fremder bleibt für immer ein Fremder, wenn kein Dialog entsteht. Das Kennenlernen läuft über die Kommunikation. Es fördert das soziale Handeln, wenn ich einen Fremden auch mal um Hilfe bitte. Ein Fremder hat durch den Dialog die Möglichkeit, ein Freund zu werden, und ein Feind kann sogar durch einen Dialog das Feindbild brechen.

Die Taufe beginnt. Heike hält Oskar im Arm, während der Priester das Taufwasser über seinen Kopf gießt. Anschließend trockne ich Oskars Kopf, während Markus als dritter Pate die brennende Taufkerze hält. Die Taufe geht langsam zu Ende, draußen vor der Kirche machen wir ein Erinnerungsfoto. Die Taufe endet mit Kaffee und Kuchen im Gasthaus Schwarzlack.

Am Abend feierten wir noch gemeinsam Andreas' 40. Geburtstag. Ein toller Tag ging zu Ende. Ich war müde und erschöpft, aber glücklich in meinem Gästezimmer. Ich dachte an meinen früheren Lehrer Lorenz Köhler, der für mich wie ein Patenonkel war, der mir Halt gab und mir den Rücken stärkte, wenn ich in Schwierigkeiten war. Ich hoffe, dass ich eine solche Rolle für Oskar einnehmen kann, um etwas von dem, was ich all die Jahre dankbar angenommen habe, zurückzugeben.

Die Asche meines Vaters

Es war ein ganz normaler Arbeitstag in der Klinik gewesen. Ich saß gegen 19 Uhr in der U1 Richtung Hauptbahnhof. Ich packte mein Diensthandy in meine Aktenmappe und nahm mein privates Handy heraus. Auf dem Display sah ich unzählige Anrufe in Abwesenheit. Anrufe mit den Vorwahlen 001, 0094 und 0044 und mehrfach die Nummer meines Onkels aus Hamburg. Während ich noch auf die Nummern sah, klingelte mein Handy, ich sah die Nummer meines Onkels.

In diesem Augenblick wusste ich, dass etwas mit meinem Vater auf Sri Lanka passiert sein musste. Schließlich hatte meine ganze Familie versucht, mich zu erreichen. Meine Schwestern aus Toronto und London, mein Bruder aus New York und meine Mutter aus Sri Lanka. Ich fühlte mich elend. Ich sah das Gesicht meines Vaters vor mir, wie ich mich von ihm in London vor der Haustür meiner Schwester Nala verabschiedete. Es war das letzte Mal, dass ich ihn gesehen habe.

Mein Vater litt seit Jahren an Bluthochdruck und Diabetes und als Folge davon an einer seit Jahren offenen Wunde am linken Fuß, die ihm ständig Schmerzen bereitete. Auch das Herz und die Nieren waren angeschlagen. Er hatte also – bis aufs Rauchen – alle Risikofaktoren für eine kardiovaskuläre Erkrankung.

Ich kann mich noch gut an den Anruf meiner Mutter erinnern, als mein Vater wochenlang im Krankenhaus lag. Sie wollte von mir wissen, ob ich die Kosten für die Dialyse meines Vaters übernehmen könne. Seine Nieren hatten ihre Funktion fast aufgegeben. Wie bei meiner Schwester Ruji. Damals, während des Bürgerkriegs, gab es keine Möglichkeit für eine rettende Dialyse. So musste sie an den Folgen ihrer Niereninsuffizienz sterben.

Auch auf Sri Lanka gibt es inzwischen die technische Möglichkeit einer Dialysebehandlung, aber die Betroffenen müssen die Kosten dafür selbst tragen. Das bedeutet, dass sich die meisten Patienten die Dialyse nicht leisten können. Bei einem durchschnittlichen Monatseinkommen von umgerechnet 70 Euro und Kosten für die Dialyse in Höhe von 700 Euro im Monat ist die Behandlung für sie unbezahlbar.

Ich zögerte bei der Frage meiner Mutter nicht eine Sekunde und stimmte sofort zu, die Kosten für die Dialyse zu übernehmen. Am Ende musste ich im Monat mehr als tausend Euro für die Behandlung und Pflege meines Vaters und den Unterhalt meiner Eltern aufbringen. Da meine Mutter nicht immer in der Lage war, sich im Krankenhaus um meinen Vater zu kümmern, mussten wir einen Pfleger engagieren. In srilankanischen Krankenhäusern ist die Familie verantwortlich für die Pflege und für die Verpflegung des Patienten. Zum Glück hatte ich jetzt eine Stelle als Assistenzarzt in der Herzchirurgie. Mit dem Geld, das ich früher als Tellerwäscher und Reinigungskraft verdiente, hätte ich meinem Vater nicht helfen können. Je mehr ich im Laufe der Jahre verdiente, umso größer wurde allerdings auch der finanzielle Bedarf meiner Familie.

»Nächste Haltestelle Jungfernstieg«, tönte es aus dem Lautsprecher. Ich wählte die Nummer meines Onkels. Er nahm sofort ab. Seine Stimme klang besorgt und bedrückt. Er bat mich, sofort zu ihm zu kommen. Er habe aus Sri Lanka die Nachricht erhalten, dass es meinem Vater schlecht gehe. Ich stieg schnell am Jungfernstieg aus und nahm die Linie U2 Richtung Mümmelmannsberg.

Ich war plötzlich nur noch Sohn, der Sohn von Arunagirinathan Narayanapillai. Seinen Vornamen trage ich, wie in Sri Lanka bei allen Söhnen üblich, als meinen Nachnamen. Der Gedanke quälte mich, dass ich jetzt nicht bei meinem Vater sein konnte, um ihm beizustehen.

Aber der Gedanke an eine Rückkehr nach Sri Lanka machte mir Angst. Die Schrecken des Bürgerkrieges waren immer noch präsent. Ich bekam sie einfach nicht aus meinem Kopf. In meinen Träumen sah ich die Leichen der von srilankanischen Soldaten getöteten Männer und von Menschen auf der Flucht. Und ich erinnerte mich an all die schlaflosen Nächte, in denen ich als Kind mit meiner Familie die Geräusche der Hubschrauber und Raketenangriffe hörte.

In Deutschland fühle ich mich sicher. Ein Land ohne Krieg, davon habe ich als Kind geträumt. Meine Eltern haben mir für viel Geld mit Hilfe von Schleppern die Flucht nach Deutschland ermöglicht. Ich sollte kein Opfer des Krieges werden und eine bessere Zukunft haben. Menschen in Deutschland waren meine Helfer, die mich auf dem Weg vom Flüchtling zum Arzt begleitet haben. Deshalb liebe ich dieses Land. Ich wollte nicht nach Sri Lanka zurück und mich wieder in Gefahr bringen. Viele Menschen, die nach dem Ende des Bürgerkriegs nach Sri Lanka zurückkamen, sind einfach verschwunden. Die Angst beherrschte und lähmte mich.

Als ich nach der langen U-Bahn Fahrt bei meinem Onkel ankam, telefonierte er gerade mit meiner Schwester Nala in London. Meine Tante und ich konnten über den Lautsprecher mithören. Unser Vater sei inzwischen auf der Intensivstation und ich solle möglichst schnell nach Sri Lanka fliegen. Sie weinte die ganze Zeit so herzzerreißend, dass ich ihr nicht sagen konnte, dass ich Angst vor einer Reise nach Sri Lanka hatte. Ich wollte mehr über den akuten Krankheitsverlauf unseres Vaters wissen, aber dazu konnte sie nichts sagen. Nala wollte auf jeden Fall nach Sri Lanka fliegen und plante einen gemeinsamen Flug mit meiner Schwester Vani aus Toronto. Auch mein Bruder Jana aus New York hatte bereits für den nächsten Tag einen Flug gebucht.

Da eine intensivmedizinische Behandlung auf Sri Lanka sehr teuer ist, musste ich meiner Mutter so schnell wie möglich Geld schicken. Mein Vater hatte eine Abneigung gegenüber Ärzten und Krankenhäusern. Bei unseren Telefongesprächen sagte er immer wieder, dass er es im Krankenhaus nicht mehr aushalte und nach Hause gehen wolle. Einmal stand er schon draußen vor dem Krankenhaus, meine Mutter rief mich hilflos auf meinem Handy an, und erst nachdem ich mit ihm gesprochen hatte, ging er wieder zurück in die Klinik. Selbst vor einem EKG hatte er Angst, von Spritzen ganz zu schweigen. Wenn ich mir jetzt vorstellte, dass mein Vater mit diversen Zugängen und künstlicher Beatmung auf der Intensivstation lag, wusste ich, dass das nicht das Abschiednehmen war, das mein Vater sich wünschte.

Am nächsten Tag waren meine Schwestern dabei, ihre Reise vorzubereiten, mein Bruder war schon auf dem Weg zum Flughafen. Kurz vor Mitternacht klingelte mein Handy. Es war meine Schwester aus London. Unser Vater hatte uns verlassen. Ich schaltete meinen Rechner an und öffnete Sykpe für eine Konferenzschaltung mit beiden Schwestern. Ich konnte die Tränen nicht länger zurückhalten, der Schmerz über den Tod meines Vaters überwältigte mich. Uns allen war klar, wie sehr unsere Mutter jetzt unsere Unterstützung brauchte. Meine Schwestern baten mich, unserem Vater die letzte Ehre zu erweisen und als ältester Sohn bei der Beerdigung dabei zu sein. Nach hinduistischem Ritus soll das Feuer bei der Verbrennung des Leichnams des Vaters vom ältesten Sohn der Familie entzündet werden. Erst dadurch erlange der Tote den Seelenfrieden. Alle drängten mich, nach Sri Lanka zu fliegen. Noch konnte ich mich nicht dazu entschließen, meine Ängste vor einer Rückkehr waren zu groß. Aber ich musste Verantwortung übernehmen und zunächst einmal für die Kosten der Beerdigung und der Trauerfeier aufkommen. Das war für mich selbstverständlich. Am nächsten Tag, ich hatte Rufdienst in der Klinik, ging ich vormittags zu Money Transfer und schickte meiner Mutter genügend Geld für die ersten Kosten.

Als ich am Nachmittag in die Klinik kam, teilte ich meinem Chef mit, dass mein Vater gestorben sei. Er umarmte mich und sprach sein Beileid aus. Ich sagte ihm, dass meine Geschwister mich drängten, nach Sri Lanka zu kommen, dass ich aber Angst davor hätte. Er hatte dafür großes Verständnis und bat mich eindringlich, nicht mein Leben zu riskieren.

Die Arbeit in der Klinik lenkte mich erst einmal von meinen ganz privaten Sorgen ab. Ich arbeitete wie jeden Tag und assistierte im OP bei Bypass- und Herzklappenoperationen. Am späten Abend, nachdem alle Operationen erledigt waren, fuhr ich mit meiner Gazelle nach Hause. Ich fuhr wie in Trance, meine Gedanken waren bei meiner Familie. Zu Hause gab es wieder Anrufe von vielen Verwandten und Gespräche ohne Ende. Kopfschmerzen kündigten sich an.

Um Mitternacht klingelte mein Diensthandy, mein Oberarzt Alassar war am Telefon. Ein Patient mit akuter Typ A Dissektion musste sofort operiert werden. Ich verlor keine Zeit. Es ist wie ein Automatismus, Minuten später saß ich auf der Gazelle auf dem Weg in die Klinik. Typ A Dissektion, ein Riss in der abgehenden Körperschlagader vom Herzen, ist eine tickende Zeitbombe, die einzige Hilfe ist eine sofortige Operation. Als ich auf das Klinikgelände fuhr, hörte ich den Hubschrauber bereits wieder losfliegen. Der Patient, ein älterer Mann, war also schon in der Klinik. Es hätte auch mein Vater sein können.

Ich stand mit meinem syrischen Oberarzt am OP-Tisch. Die Situation verlangte meine ganze Aufmerksamkeit. Wenn ich schon nicht meinem Vater helfen konnte, hatte ich jetzt die Chance, einen anderen Vater zu retten. Der Gedanke beruhigte mich. Die Operation verlief gut, immerhin stand ich neben einem der besten Herzchirurgen. Er ist ein sehr gläubiger Mann, den ich eines Tages im Arztzimmer beim Beten antraf. Er hatte ein weißes Handtuch auf den Boden gelegt und kniete darauf Richtung Mekka. Bei meinem türkischen Gemüsehändler am

Steindamm kaufte ich einen grünen Gebetsteppich für ihn als Anerkennung für sein medizinisches und menschliches Handeln im Alltag.

Es war schon früher Morgen, als ich nach Hause fahren konnte. Meine Gedanken waren wieder in Sri Lanka. Ich konnte nicht einschlafen, meine Mutter war nicht zu erreichen, mein Bruder saß bereits im Flugzeug. Ich rief einen Freund der Familie an und bat ihn, alles für die Beerdigung zu organisieren. Für mich war es unmöglich, unter Beachtung all der traditionellen Riten, eine Beerdigung von Hamburg aus zu organisieren. Meine Schwester Vani war auch schon im Flugzeug nach London. Von dort aus wollte sie gemeinsam mit Nala und einer Cousine nach Colombo fliegen.

Erschöpft vom Dienst und der Trauer, lag ich auf dem Bett und schlief irgendwann doch ein. Das Klingeln meines Handys weckte mich aus dem Tiefschlaf. Es war meine beste Freundin Sahar. Sie wollte wissen, ob ich etwas gegessen hätte. Nach Essen war mir nicht zumute. Nachdem sie ihre Überredungskünste als Psychotherapeutin erfolgreich eingesetzt hatte, verabredeten wir uns in einem türkischen Restaurant. Ich bestellte eine Linsensuppe. Die hatte meine türkische Nachbarin immer für mich gekocht, wenn ich als Student in Lübeck krank im Bett lag. Sahar und ich wogen das Für und Wider einer Reise nach Sri Lanka ab. Wir kamen zu dem Schluss, dass ich nicht fliegen solle.

Nach dem Essen begleitete Sahar mich nach Hause. Ich wollte jetzt alleine sein. Ich legte mich auf mein Bett und dachte an meinen Vater. In den zwölf Jahren, in denen ich mit meiner Familie auf Sri Lanka lebte, habe ich stets die Liebe meines Vaters gespürt. Ich war sein Prinz, sein ältester Sohn, den er bedingungslos liebte. Als Kind saß ich auf seinen Schultern, während er durch die Reisfelder ging und mich lehrte, wie wichtig Reis für uns ist, und wie respektvoll wir damit umgehen müssen. Ich habe nie gesehen, dass mein Vater Essen weggeworfen hat. Er brachte mir den sparsamen Umgang mit Geld bei und gab mir dafür gute Ratschläge, die ich bis heute befolge. Er erzählte mir die Geschichte von einem schlauen Jungen, dessen Eltern sich kein elektrisches Licht zu Hause leisten konnten, der abends unter einer Straßenlaterne für die Schule lernte.

Wenn wir im Dschungel unterwegs waren, lehrte er mich den richtigen Umgang mit Tieren. Bei der Begegnung mit einem Tiger sollte ich in der Lage sein, schnell auf einen Baum zu klettern, und wenn ich von einem wilden Elefanten gejagt würde, sollte ich auf jeden Fall im Zickzack laufen, niemals nur geradeaus, da die Elefanten nicht so wendig seien wie wir Menschen. Auch beim Umgang mit dem Messer zeigte er mir, dass ich die Messerspitze immer vom Körper weghalten müsse. Als Kind wollte ich gerne Tiere haben. Ich wollte Fische haben, mein Vater organisierte jemanden, der uns Fische brachte. Ich wollte Tauben haben, mein Vater brachte Tauben, die mir später weggeflogen sind. Einen Hund wollte ich, mein Vater kaufte in der Nachbarschaft einen Hund für mich. Mein Vater tat alles, um mich glücklich zu machen.

In einem Schuhkarton habe ich alle Briefe meines Vaters aufbewahrt. Ich nahm sie in die Hand, streichelte sie und küsste jeden Brief. Ich fühlte mich ihm so nah, ich konnte nur noch weinen. Wenn ich die Augen schloss, sah ich meinen Vater auf dem Tempelfest vor mir, wie er mir und meiner älteren Schwester Eis kaufte. Ich sah ihn im Sommer 1990, am Tag meiner Flucht aus dem Norden. Als er den Lastwagen, der mich nach Colombo bringen sollte, noch einmal anhielt und mich ermahnte, mich immer vernünftig zu verhalten. Ich vermisste meinen Vater sehr. All die Jahre hat er, ungeachtet seiner Krankheiten, nur für das Wohl seiner Kinder gelebt. Den frühen Tod meiner älteren Schwester vor Augen wollte er keines seiner Kinder mehr sterben sehen. Gemeinsam mit meiner Mutter schaffte er es, uns allen ein gutes Leben zu schenken. Ich empfand großen Stolz, der Sohn von Arunagirinathan Narayanapillai zu sein. Und gleichzeitig wuchs in mir der Wunsch, meinen Vater auf seinem letzten Weg zu begleiten.

Ich rief Sahar an, ich musste unbedingt mit meiner vertrauten Freundin reden. Wir trafen uns in einem Café in der Nähe meiner Wohnung. Ich erklärte ihr, welch wichtige Rolle der älteste Sohn bei der Beerdigung eines Vaters spielt. Während wir über die Gefahren einer Reise nach Sri Lanka für mich redeten, klingelte das Handy. Es war Nala. Sie stand mit Vani auf dem Londoner Flughafen vor dem Abflug nach Colombo. Beide baten mich noch einmal eindringlich, zur Beerdigung unseres Vaters zu kommen. Ich sah Sahar an, hörte dabei die Stimme meiner Schwester und sagte: »Ich komme.« Die Entscheidung war in dieser Sekunde gefallen. Jetzt ging es darum, schnell einen Flug nach Sri Lanka zu buchen. Ich stand sofort auf, ließ den Kaffee stehen und sagte Sahar, dass ich mich melde, sobald ich den Flug gebucht hätte. Dann lief ich nach Hause. Es war 16 Uhr. Die Suche im Internet war erfolgreich. Um 21.30 Uhr ging der früheste Flug mit Emirates von Hamburg über Dubai nach Colombo. Nachdem ich die Buchungsbestätigung erhalten hatte, rief ich meine Schwester an und teilte die Ankunftszeit mit und packte schnell den Koffer.

Sahar begleitete mich zum Flughafen. Sie spürte meine Aufregung. Alles klappte wunderbar, ich wartete bereits auf den Aufruf zum Boarding. Ich blätterte durch mein Telefonverzeichnis und stieß auf Jaschas Nummer. Ich konnte es nicht lassen, ich musste ihm von der Trauer um meinen Vater und dem bevorstehenden Flug berichten. Jetzt hätte ich ihn gebraucht. Ich schaute ständig auf das Display, in der Hoffnung, eine Nachricht von ihm zu bekommen. Doch dann klingelte das Handy, ich hörte seine Stimme. Er wünschte mir eine gute Reise und gab mir die emotionale Kraft, die ich brauchte. Ich musste an Bord. Meinen Chef informierte ich nicht, er hätte Angst um mich gehabt und meiner Reise nicht zugestimmt. Aber am Ende würde er meine Entscheidung verstehen.

Ich stieg in das Flugzeug. Eine große Reise begann. Eine Reise in die Vergangenheit, eine Reise in die alte Heimat.

Ein Zwischenstopp in Dubai. Dort, auf dem Flughafen von Dubai, stand ich zuletzt mit zwölf Jahren. Da sprach ich kein Wort und hatte panische Angst, erwischt zu werden. Damals waren dort die Unterhändler der Schlepper, die einen abholten und weiterschickten. Nun brauchte ich keine Hilfe, war erwachsen und wusste, wohin ich flog. Nach zweistündigem Transit ging es weiter nach Colombo. Ich saß wieder im Flugzeug, in mir kam erneut die Angst hoch. Angst davor, dass die Soldaten mich verhaften könnten. Dass es jetzt möglich sein sollte, sich als tamilischer Mann frei auf Sri Lanka zu bewegen, konnte ich mir kaum vorstellen. Aber es gab kein Zurück mehr. Ich betete, dass ich gesund wieder zurück nach Hause komme.

Nach etwa vierstündigem Flug kam der Anflug auf Colombo. Ein Gefühl von Aufregung, Angst und Freude erfasste mich. Ich sah den Indischen Ozean und die wunderschöne grüne Insel, wo ich am 16. März 1978 geboren wurde. Das war einmal mein Zuhause. Der Flughafen war viel kleiner, als ich ihn in Erinnerung hatte. Für ein Kind ist wohl alles größer als in der Wirklichkeit. Nach 22 Jahren kehrte ich nach Sri Lanka zurück und berührte mit dem rechten Fuß zuerst den heimischen Boden.

Mit dem Gepäck in der Hand stand ich vor dem Kontrollschalter für Ausländer in einer Schlange, denn schließlich war ich hier Ausländer und benötige ein Einreisevisum. Ein Touristenvisum für 30 Tage kostete etwa dreißig US-Dollar. Der Blick eines strengen Kontrolleurs in mein Gesicht, und er drückte den Einreisestempel in meinen Pass. Ich konnte ohne Probleme passieren, ein Stein fiel mir vom Herzen, das Atmen wurde leichter.

Neugierig schaute ich mich auf dem Flughafen um, alles kam mir fremd vor. Die Menschen waren mir nicht vertraut. Draußen warteten meine Schwestern und meine Cousine Kayal auf mich. Die jüngste Tochter von Vani stand daneben, und auch Aruran, der hübsche Sohn des Nachbarn aus Toronto mit den Rehaugen. Sein hübsches Gesicht und seine Augen waren mir gut in Erinnerung geblieben.

Unzählige Taxifahrer und Kleinbusunternehmer riefen laut nach Fahrgästen. Eine Fahrt nach Jaffna kostete zehntausend Rupien. Aber wir benötigten ihre Dienste nicht. Mein Cousin aus Jaffna war mit seinem Kleinbus gekommen. Jetzt trennten uns nur noch knapp acht Stunden Autofahrt von dem Wiedersehen mit meinem Heimatort.

Inzwischen fühlte ich mich etwas sicherer, trotz der Militärposten an der Strecke. Unser Cousin machte mehrere Pausen, und wir löschten unseren Durst bei der Hitze mit Kokosnusswasser. Zwischendurch aßen wir die kleinen süßen Bananen und zum Mittagessen Thosai mit Sambal, das wir natürlich mit den Händen aßen, wie in der Kindheit. Während der Fahrt erzählten wir uns gegenseitig die alten Geschichten, lachten sogar und waren glücklich, zusammen zu sein.

Alles, was ich sah, war neu für mich, die asphaltierten Straßen, auf denen man bei der Fahrt nicht hin und her geschaukelt wurde, und die Supermärkte am Straßenrand. Ich konnte es nicht fassen, dass wir ohne Unterbrechung und Kontrollen vom Flughafen Colombo nach Jaffna fahren konnten. Der Krieg war vorbei, unglaublich dieses Gefühl. Als wir das singhalesische Gebiet verließen und in das tamilische Gebiet fuhren, sahen wir viele vom Krieg zerstörte Häuser, Schulen und Tempel.

Die Spuren von 25 Jahren Bürgerkrieg sind nicht so leicht zu beseitigen. Wie gut hätte sich das Land ohne diesen Krieg entwickeln können! Ein Krieg zwischen den Tamilen und der srilankanischen Regierung, der den Beziehungen zwischen Tamilen und Singhalesen geschadet und Tausende das Leben gekostet hat. Ein Krieg, der auf grausame Weise mit einem Kriegsverbrechen im Jahr 2009 beendet wurde, bei dem unzählige Zivilisten umgebracht wurden. Ich hoffe, dass eines Tages die Wahrheit ans Licht kommen wird und die Schuldigen bestraft werden. Ich hoffe, dass kein Mensch mehr getötet wird, denn es ist in den 25 Jahren Bürgerkrieg schon so viel Blut vergossen worden.

Es war zweifellos ein Völkermord, den die srilankanische Armee bei der Vernichtung der Tamil Tigers verübt hat. Bei jener letzten Schlacht hat die Zivilbevölkerung am meisten gelitten. Die UNO geht von mindestens 40.000 Toten während der letzten Kriegswochen aus, NGOs sogar von der doppelten Zahl. Der Preis für ihren Sieg wird immer deutlicher, je mehr die blutigen Details dieser letzten Offensive an die Öffentlichkeit gelangen.

Die Untersuchungen der UNO und unabhängiger NGOs, wie die International Crisis Group (ICG) oder Amnesty International, kommen zu dem Ergebnis, dass das srilankanische Militär auch zivile Krankenhäuser, trotz des internationalen Schutzzeichens des Roten Kreuzes, immer wieder angegriffen hat. Das srilankanische Regime unter der Präsidentschaft von Mahinda Rajapaksa wies die Ergebnisse des erschütternden UN-Untersuchungsberichts im Sommer 2012 zurück. Der Bruder des Präsidenten, Gothaboya Rajapaksa, nannte die Zahlen der Toten und Vermissten zynisch »viel zu klein, um die absurden Anschuldigungen des Völkermords oder der Kriegsverbrechen zu rechtfertigen, die gegen unser Armee erhoben werden«.

Am Ende des Bürgerkrieges, nach dem Tod von Velupillai Prabhakaran, dem Führer der Tamil Tigers, waren die meisten Tamilen aus dem Norden in großen Gefangenenlager des srilankanischen Militärs zusammengetrieben und Verdächtige ermordet worden.

Es ist für mich unfassbar, dass in einem Land, in dem über 25 Jahre ein Bürgerkrieg tobte, über diesen Krieg geschwiegen wird. Selbst im Norden des Landes, wo so viele Gräueltaten verübt wurden, wird weder im Familien- noch im Bekanntenkreis

In unserer alten Küche in Puthur, 2014

über den Krieg gesprochen. Denn jeder, der über die Verbrechen des Bürgerkriegs offen spricht, riskiert sein Leben.

Nur ein unabhängiger internationaler Untersuchungsausschuss wird eines Tages die Wahrheit ans Licht bringen. Es gibt nicht nur die Bilder und Videos des Militärs, die zeigen, wie die Gefangenen brutal misshandelt und hingerichtet wurden, sondern auch persönliche Berichte von Überlebenden.

Ich hätte niemals eine Waffe in die Hand genommen und für die Tamil Tigers gekämpft, um singhalesische Brüder und Schwestern zu töten. Die Menschen im Norden des Landes sind vom Elend des Bürgerkriegs gezeichnet. Ein Glück, dass der Krieg endlich vorbei ist und keine Menschenleben mehr vernichtet werden. Ich wünsche mir für das Land, dass eines Tages die Unterdrückung der Minderheiten ein Ende hat.

Inzwischen hatten wir auf unserer Fahrt bereits den zweiten Checkpoint passiert. Dort mussten wir aussteigen und unsere Namen registrieren lassen. Mir machte die Militärpräsenz Angst, aber die Soldaten führten nur ihre Kontrollen durch. Gegen Mitternacht kamen wir in Puthur an. Die letzte Stunde vor der Ankunft bei meiner Mutter war es still in unserem Bus geworden, wir dachten an meinen Vater. Wir bogen in unsere Straße ein, ich schaute nach links und nach rechts und versuchte, mich an die Gegend zu erinnern. Der Kleinbus hielt vor einem großen weißen Haus mit einer Mauer davor. Als ich das Grundstück betrat, sah ich viele Menschen vor dem Eingang des Hauses. Alle warteten auf unsere Ankunft.

Vaters Leichnam lag in einem großen Sarg aus hellem Holz, der mit einem Seidentuch ausgeschlagen war. Er trug einen Veddi, einen Wickelrock aus weißer Baumwolle, und ein weißes Hemd. Damit sein Körper länger aufbewahrt werden konnte, war er mit Formalin vollgepumpt worden. Seine Hände lagen zusammengefaltet auf seinem Körper, an seinem rechten Ringfinger trug er seinen goldenen Ring mit den neun Steinen, die ihm im Leben Glück bringen sollten, und um den Hals eine goldene Kette mit einer Ganesha Figur als Anhänger, die Nala ihm geschenkt hatte.

Meine Schwestern standen auf einer Seite des Sarges, und ich stand zunächst allein auf der anderen. Dann stellte sich mein Bruder neben mich. Nach 22 Jahren waren wir Kinder erstmals wieder gemeinsam mit unserer Mutter in einem Raum. Minutenlang schauten wir schweigend unseren Vater an, jeder war in Gedanken bei ihm. Mutter saß rechts vom Sarg auf dem Boden und verharrte dort niedergeschlagen in tiefer Trauer um ihren Mann. Sie tat mir unendlich leid. Es bedrückte mich sehr, meine Mutter so zu sehen, die für mich immer die Energiequelle der Familie gewesen war.

Jahrelang hatte sie meinen Vater gepflegt und versorgt. In den letzten Monaten verbrachte sie die meiste Zeit im Krankenhaus. Die Situation war sicherlich nicht neu für sie, denn als meine ältere Schwester damals im Krankenhaus lag, hatte sie das auch getan. Jetzt war meine Mutter am Ende ihrer Kräfte. Ich war so froh, mit meinen Geschwistern bei unserer Mutter zu sein.

Draußen saßen Verwandte und Nachbarn. An den einen oder anderen konnte ich mich noch erinnern, aber viele kannte ich nicht. Wir saßen auf dem Boden. Daran musste ich mich erst wieder gewöhnen. Wir aßen die Speisen, die die Nachbarn mitgebracht hatten. Ich fühlte mich müde und kraftlos. Meine Mutter schlief im Wohnzimmer neben dem Sarg meines Vaters, ich ging zu ihr, legte mich neben sie und schlief ebenfalls ein.

Am nächsten Morgen suchte ich nach Resten unseres alten Hauses, das im Krieg zerstört worden war. Im Hinterhof fand ich den Mangobaum, den ich vor 24 Jahren selbst gepflanzt hatte. Jetzt saßen die Nachbarn unter dem Mangobaum und kochten für die Trauergäste. Aus dem Brunnen neben dem Haus, das meine Geschwister und ich gemeinsam für unsere Eltern gebaut hatten, schöpfte ich Wasser und ließ es über meinen Körper fließen. Eine Wohltat bei den hohen Temperaturen. Neben dem Brunnen stand ein Kokosbaum, der durch einen Raketenangriff ein Loch in der Mitte hatte.

Ich sah zum ersten Mal die Frau meines Bruders und lernte ihre Familie kennen. Ihr Vater war der Lastwagenfahrer, der meine Mutter und mich im Sommer 1990 aus Jaffna nach Colombo gebracht hatte. Ich traf viele Nachbarn und deren Kinder, die ich mit zwölf Jahren zuletzt gesehen hatte. Es kamen am Beerdigungstag über 400 Gäste und dazu die Geschwister meines Vaters.

Ein trauriger Anlass, aber dennoch für mich die Gelegenheit nach so vielen Jahren, alle meine Verwandten und Bekannten wiederzusehen. Der Vater meiner Schwägerin übernahm die ganze Organisation der Beerdigung. Von ihm bekam ich die Kleidung, die ich an diesem Tag tragen musste, einen weißen Veddi, aber kein Hemd, der Oberkörper musste nackt sein. Vor dem Hauseingang wurde auf unserem Grundstück ein Zelt aus Palmenblättern und Bananenbäumen aufgebaut. Der Priester saß in der Mitte, entzündete ein Feuer und hielt eine Predigt. Eine Gruppe Trommler spielte die ganze Zeit – ohne Ende. Das übliche Ritual bei einer Trauerfeier. Ein Sänger kam und sang hinduistische Lieder zum Abschied. Die Kinder standen um den Sarg und hielten Fackeln in der Hand.

Mein Bruder Jana und ich saßen neben dem Priester, und ich musste alles, was er sagte, wiederholen, und alles, was er mir gab, ins Feuer werfen und beten. Das war die Pflicht eines tamilischen Sohnes. Mein Vater wurde in einer bestimmten Reihenfolge mit verschiedenen Blumen, Honig, Wasser und Milch symbolisch gewaschen. Anschließend musste ihm die Familie Reis in den Mund legen. Am Ende wischte meine Mutter symbolisch ihren roten Punkt von der Stirn und nahm ihre gelbe Kette ab, die sie als Kennzeichen für eine verheiratete Frau seit ihrer Hochzeit getragen hatte, und legte sie auf den Leichnam.

Alle Frauen klagten und weinten dabei sehr laut. Der Sarg wurde auf einem Wagen, der mit bunten Blumen geschmückt war, zum Friedhof transportiert. Ich ging ganz vorne und trug das Feuer in einem Gefäß, mit dem ich später meinem Vater die letzte Ehre erweisen sollte.

Ich war es schon lange nicht mehr gewohnt, auf der Straße barfuß zu gehen. Bei der Hitze versuchte ich, am Straßenrand zu gehen, weil der Boden dort kühler war als auf der teerbeschichteten Straße. Immer wieder hielt der Wagen an, und die Trommler machten ihre Musik. Am Straßenrand standen die Menschen und schauten zu, während einige sich von meinem Vater verabschiedeten.

Hinter dem Shiva-Tempel war der Friedhof, dort kamen wir nach drei Stunden Fußmarsch an. Auf dem Platz, an dem mein Vater verbrannt werden sollte, war bereits Holz aufgeschichtet. Der Sarg wurde daraufgestellt, ich bekam einen Behälter mit Wasser auf die rechte Schulter. Ich ging dreimal um den Leichnam, und jedes Mal wurde ein Loch in den Behälter geschlagen, das Wasser floss hinter meinem Rücken auf den Boden. Dann wurde mir eine Fackel in die Hand gedrückt. Ich stand am Kopfende des Sarges und musste, ohne nach hinten zu schauen, die brennende Fackel auf den Kopf meines Vaters werfen und danach den Friedhof verlassen.

Ein ehemaliger Klassenkamerad blieb auf dem Friedhof, bis das Feuer erloschen war. Gegen Mitternacht gingen einige Männer mit den Brüdern meines Vaters und mir zum Friedhof. Die Männer löschten das noch teilweise schwelende Feuer mit dem Wasser aus dem Friedhofsbrunnen. Es fand noch eine hinduistische Zeremonie statt. Ich bekam ein Gefäß in die Hand, in das ich die Asche meines Vaters mit der rechten Hand aus den Bereichen Hände, Beine, Kopf, Brust und Bauch füllen sollte. Ich zögerte erst ein wenig, aber es war meine Pflicht als Sohn. Ich tat so, wie die Männer es mir gesagt hatten, füllte die Asche meines Vaters in den Behälter und bedeckte ihn mit einem weißen Tuch.

Wir fuhren alle gemeinsam in einem Bus zum Meer, das Gefäß mit der Asche meines Vaters hielt ich in den Händen, fest an meinen Körper gedrückt. Die Asche der Toten wird ins Meer gestreut, um sie in Frieden gehen zu lassen. Ich musste einige Schritt ins Meer machen, das Gefäß mit der Asche rückwärts ins Meer werfen und dreimal untertauchen. Innerlich wehrte ich mich dagegen, bei meiner Angst vor dem Meer noch dazu. In ein Meer einzutauchen, in das die Asche tausender Toter versenkt wurde, war eine schreckliche Vorstellung für mich als Mediziner. Aber es ging alles schnell, ich hatte meinem Vater die letzte Ehre erwiesen.

Bevor wir nach Hause fuhren, wuschen wir uns alle mit dem Wasser aus einem Süßwasserbrunnen. Mutter wartete am Hauseingang und bedankte sich bei mir. Auch meine Geschwister waren dankbar, dass ich die traditionellen Beerdigungsriten erfüllt hatte. Ich war so erleichtert.

Am fünften Tag nach Vaters Tod gab es eine große Trauerfeier. Es kamen viele Gäste ins Haus. Es wurde alles gekocht, was mein Vater gern gegessen hat. Es gab Streit zwischen meiner Mutter und meinen Geschwistern. Sie wollte nur vegetarisch kochen, aber mein Vater mochte gern Fleischgerichte. Nach einigem Zureden stimmte Mutter zu. Das Essen wurde auf Bananenblättern serviert, alles vor einem Bild meines Vaters, der Priester predigte.

Es herrschte große Trauer, doch der Tod unseres Vaters hatte uns alle wieder zusammengebracht. Zwei Tage später kamen noch einmal viele Menschen in unser Haus. Alle wollten Geld von uns. Sie denken, dass das Geld im Ausland auf den Bäumen wächst. Mir war das alles sehr fremd, meine Geschwister kannten das schon. In den folgenden Tagen machten wir die Abrechnung mit dem Schwiegervater meines Bruders, ich konnte alle Kosten der Beerdigung begleichen, den Rest verteilten wir an die

Menschen, die uns um Geld gebeten hatten. Ich besuchte einen Onkel, der noch in einer Hütte mit einem Dach aus Palmenblättern wohnte. Wenn es regnete, kam überall der Regen durch. Der Anblick machte mich traurig. Am nächsten Tag sprach ich mit meiner Mutter. Sie war damit einverstanden, dass ich für ein neues Dach aufkomme.

Eine Woche nach der Beerdigung stand ich vor der Abfahrt mit meiner Mutter unter dem Mangobaum im Schatten und fragte, ob sie sich an das Versprechen vom 6. Januar 1991 in Colombo erinnern könne. Sie erinnerte sich nicht mehr. Damals hatte sie mir drei Versprechen abgenommen, bevor ich zum

Beim 65, Geburtstag meiner Mutter am 15. März 2017

Flughafen gebracht wurde. Ich sollte nicht rauchen, keinen Alkohol trinken und als Arzt nach Sri Lanka zurückkommen. Alle drei Versprechen habe ich gehalten. Sie schaute mich an, ich sah sie lächeln, das erste Lächeln seit dem Tod meines Vaters.

Als ich im Flugzeug Richtung Europa saß, waren meine Kriegsängste verschwunden. Ich wusste jetzt, dass ich jederzeit wiederkommen konnte. Beim Landeanflug auf Hamburg atmete ich tief durch und sagte mir: »Hier bist du zu Hause, Umes.«

Eine bewegende Lebensgeschichte

140 Seiten, broschiert
€ 12,50, SFr 23,–

»Allein auf der Flucht« ist die bewegende Geschichte eines Jungen, der sich nur eines wünscht: in Frieden zu leben. Aufgewachsen im Bürgerkriegsgebiet auf Sri Lanka, gelingt es seiner Mutter, ihm im Alter von zwölf Jahren mit Hilfe von Schleppern die Flucht zu ermöglichen. Sein in Deutschland lebender Onkel will ihn aufnehmen. Allein reist er zunächst nach Singapur. Was folgt, ist eine Odyssee, die ihn erst über viele Umwege zum Ziel führen wird. Anschaulich schildert Umeswaran die Einzelheiten seiner Flucht und gibt Einblicke in ein weitgehend unbekanntes Thema. Die Hintergründe des Bürgerkriegs auf Sri Lanka werden ebenso beleuchtet wie die Situation von Kinderflüchtlingen und jungen Ausländern in Deutschland.

KONKRET LITERATUR VERLAG

info@konkret-literatur-verlag.de
www.konkret-literatur-verlag.de